누구나 연봉 **7** 천만원
프리랜서가 될 수 있다

14년 경력 프리랜스라이터 박창수의 프리랜서 성공 길라잡이

누구나 연봉 **7** 천만원

프리랜서가
될 수 있다

박창수 지음

꿈과 희망

누구나 연봉 7천만원
프리랜서가 될 수 있다

초판인쇄 2004년 7월 23일
초판발행 2004년 7월 27일

지 은 이 박창수
펴 낸 이 진성옥, 오광수
펴 낸 곳 도서출판 꿈과희망
출판등록 제 1-3077호

주   소 서울특별시 종로구 낙원동 58-1 종로 오피스텔 1415호
전   화 02)2681-2832
팩   스 02)943-0935
e-mail jinsungok@empal.com

* 잘못된 책은 바꿔드립니다.

정가 9,500원
ISBN 89-90790-12-3   03320

땀 흘려 번 돈이 인생을 살찌운다.

성공한 사람과 성공할 사람

나이는 중요하지 않다.

어떤 일을 하느냐 역시 각 개인의 소질과 적성에 따라가는 것이니만큼 의문을 던질 성질의 사항이 아니며 어디서 일하는가는 더욱 그렇다. 일을 함에 있어서 가장 중요한 것은 '과연 나는 지금 내가 가장 잘 할 수 있고 만족을 느끼며 일하고 있는가?' 이다.

대학 졸업 후 기자 겸 작가 그리고 강사 활동을 병행하면서 한번도 내 직업에 대해 후회는 해본 적이 없다. 간절히 소망했던 일이었고 돈을 떠나 일에 만족하기 때문이다.

저자가 글 쓰는 직업을 선택한 것은 88년 가을 군제대를 6개월 정도 앞두고서였다. 그때 내가 가장 잘 할 수 있고 진정으로 하고 싶은 일이 무엇인가에 대해 고민을 했고 스스로 글 쓰는 일을 선택했다. 나이가 스물넷이었으니 이른 것은 아니었다. 하지만 직업 선택이 몇 년 늦었다는 것은 크게 문제되지 않았다. 열정을 얼마나 쏟아붓느냐만이 중요했던 것 같다.

후배나 제자들에게 자주 하는 말이 있다. 프로가 되려면, 자신이 하는 일에 자긍심을 갖고 살려면 우선,

'일에 미쳐라'

'정열적으로 일해라'

'한 가지에만 목숨 걸어라'

이미 성공한 많은 이들이 그랬고 또 앞으로 성공할 많은 사람들이 그럴 것이라고 믿는다.

21세기 들어서면서부터 우리 사회는 전문가만이 살아남는 시대로 바뀌어가고 있다. 회사의 이름이나 직종은 더이상 이야깃거리가 되지 않는다. 20년 후, 30년 후를 내다보는 선택이라면 반드시 자신이 좋아하고 가장 최선을 다해 젊음을 불사를 수 있는 한 가지 직업을 선택해야 할 것이다.

이 책을 통해 20대, 30대 젊은이들이 현재 자신이 걷는 길을 재정립하거나 직업을 선택하는데 도움이 되었으면 하는 바람에서 본인의 실제 경험에서 얻어진 일에서의 노하우와 정보를 책으로 엮어보았다. 진심으로 모든 사람들이 자신의 일에서 만족을 얻고 기쁨을 갖는 세상, 프로가 되는 세상을 기대한다.

늘 원고 작업으로 인해 맘껏 돌보지 못하는 아들 성유와 아내 지현에게 미안함을 이 책으로 대신하며, 지금은 고인이 되신 어머님 오목단 여사께 다시 한 번 당신의 아들이 이렇게 책을 쓸 수 있도록 세상의 길을 밝게 열어주신 것에 대해 감사해 하고 있음을 하늘나라에 전하고 싶다.

2004년 7월 11일

박 창 수

Freelancer

2
개성, 능력, 자유 3박자가 톡톡 튀는 프리세계

Freelancer

3
내 몸에 꼭 맞는 프리직업 48

Freelancer

프리랜서는 미래형 직업이다

21세기는 정보화시대.
컴퓨터와 전화만 있으면 안방에서 모든 일이 가능하다.
고객이나 거래처와의 상담, 협의는 물론이고 실무와 결재까지
온라인으로 척척 진행된다.
바로 프리랜서를 의미하는 'E랜서'의 시대다.
사무실에 앉아서 한가하게 커피 마시며 미팅하고
비즈니스 파트너 만나서 술잔 나누며 고주알 미주알 떠들다가는
이미 한발 먼저 앞서간 사람들의
뒷꽁무니나 따라가야 한다.
지금 우리 시대는 능력있는 프리랜서를 찾고 있다.
시대가 절실하게 필요로 하는 능력있는 그들에게서는
10년, 20년 후 성공한 모습을 미리훔쳐볼 수 있다.

1

능력 있는 자의 파라다이스

언제까지나 평범한 직장인처럼 조직에 얽매여 자신의 '끼'를 제대로 펴지 못하고 능력을 맘껏 발휘하지 못하며 월급에 목숨걸고 살아야 하는가?

일본에 '사이타(Sita)'라는 한 여성잡지가 있다. 한 달에 두 번 발행되는 이 잡지은 책 두께나 내용에 있어 우리의 여성지와 크게 다르지 않다. 적어도 프리랜서가 되고자 하는 사람들이라면 '사이타'를 주목해야 할 이유가 있다.

이 잡지사의 편집부 직원은 편집장 1명과 편집기자 3명이 전부다. 그렇다면 잡지는 어떻게 발행되는가?

궁금증은 쉽게 풀린다. 잡지 제작에 참여하는 수십 명의 프리랜스라이터와 프리랜스사진기자가 있기 때문이다. 사진기자와 취재기자 전원이 프리랜서들이며 편집 인쇄는 모두 아웃소싱을 활용한다. 편집장과 편집기자들은 오로지 기획과 진행에만 신경을 쓴다. 좋은 아이디어를 기획하고 프리랜서들의 원고를 관리하는 일을 한다. 우리보다 한 발 앞서 있는 일본의 프리랜서 문화를 설명하는 데는 더없이 좋은 샘플인 셈이다.

현대의 기업들은 핵심인력만 직원으로 채용하고 전문적인 성격이 강한 전문분야 인력은 아웃소싱을 활용한다. 기업이나 전문분야 종사자 모두에게 좋은 일이다. 기업측은 인건비 절감, 전문성 강화, 경영 합리화 등의 이점이 있으며, 전문인력들은 프리랜서로 활동할 경우 자신의 능력을 맘껏 발휘하면서 구속받지 않고 일할 수 있는 장점이 있다.

1990년대만 해도 경영주들은 프리랜서 활용에 있어서의 장점을 모르고 있고 프리랜서들 중 상당수가 탄탄한 능력을 갖추지 못한 상황이었다. 그러나 이제는 달라지고 있다.

기업들은 IMF 이후 구조조정을 하면서 이 같은 방법을 택하는데 적극적이다. 다수의 대기업들이 전문성이 강한 사업부를 분산시켜 아웃소싱 형태로 활용하는가 하면 전문분야의 인력은 계약직 또는 프리랜서를 통해 충당한다.

잡지사들의 경우 이 같은 시스템을 갖춘 곳들이 있다. 사랑의 전화 복지재단에서 발행하는 'BI'나 중소기업진흥공단의 '기업나라'와 '테크타임즈', 한국평생교육평가원의 '시사교육' 등이 대표적인 잡지사들로 1990년대 후반 이후 이 같은 프리랜서 시스템을 도입하는 잡지사들이 하나 둘씩 늘고 있는 추세다.

전문적이고 창의력을 요하는 직업세계에서는 프리랜서가 능력을 발휘하고 인정받는 문화가 더욱 확산될 조짐이다. 이미 방송, 잡지, 디자인 등의 분야에서는 능력있는 다수의 프리랜서들이 활동하고 있는 중이다. 또한 컴퓨터를 이용해 작업을 하는 직종들은 재택근무와 동시에 계약직 및 프리랜서 형태로 변화하는 추세다. 이에 따라 미국에서는 컴퓨터와 e-메일로 모든 업무처리가 가능한 프리랜서 직종들을 총칭하여 '이랜서(e-lancer)'라는 용어가 등

장했으며 이들 이랜서 직종들은 21세기에 가장 각광받는 유망직
업이 될 것으로 내다보고 있다.

미국 정부가 꼽은 21세기 유망직종은 컴퓨터출판가, 데이터베이
스관리자, 시스템분석가, 컴퓨터엔지니어, 가정간병인, 웹사이트
매니저 등이다. 이들 직종은 주로 전문직으로 직장이라는 울타리
에서 '나인 투 파이브' (오전 9시부터 오후 5시까지)라는 통상근무
가 필요없다.

이는 프리랜서 직종이라는 것을 뜻하며 이들에게 연공서열이나
연봉제는 무의미한 직업적 특징을 갖고 있다. 따라서 미국에서 프
리랜서는 소위 '무적(無敵)전문가'로 알려지고 있다. 이랜서의 시
대가 다가왔고 프리랜서 직종은 지금 상한가로 올라서고 있는 중
이다.

전문분야일수록 이랜서들은 늘어날 수밖에 없는 것이 정보화사
회의 특징이다. 젊은이들이여!

언제까지나 평범한 직장인처럼 조직에 얽매여 자신의 '끼'를 제
대로 펴지 못하고 능력을 맘껏 발휘하지 못하며 월급에 목숨걸고
살아야 하는가? 이젠 달라져야 한다. 아니 달라질 수밖에 없다. 능
력 있는 사람이 자유롭게 일하며 능력을 발휘하고 또 그 능력을 제
대로 인정받는 사회, 바로 프리랜서들의 파라다이스가 지금 열리
고 있는 중이다.

21세기 유망직업 흐름 주도

중요한 것은 자신이 가장 잘 할 수 있는 일, 가장 좋아하는 일을 하면서 만족을 얻고 그 만족이 장인정신으로 이어져 10년 후, 20년 후에는 전문가로서 인정을 받는 것이다.

정보화 사회로의 변화에 따라 유망 직업도 달라진다.

테크니컬 라이터, 사운드 디자이너, 컨벤션 기획자, 북 디자이너, 쇼핑 호스트, 보디디자이너, 음악치료사, 비디오 저널리스트, 애견 미용사, 웨딩이벤트 전문가, 커플매니저, 테마파크 디자이너, 네이미스트, 플로리스트, 바리스타 등은 10여 년 전만 해도 일반인들에게 생소했던 이름이지만 21세기 들어서면서 유망직업으로 떠오르고 있다.

유망직업일수록 전문적이고 보다 세분화된 분야의 직업들이다. 이 때문에 독립적으로 작업하는 성격이 강해서 대다수가 프리랜서로 활동을 하거나 개인회사 형태를 갖추고 일을 하는 편이다.

게다가 최근의 추세는 능력이 뛰어난 사람일수록 기업에 묻혀 지내려고 하지 않는다. 독립하여 일하고 그 규모가 커지면 회사를 창업하는 게 통례다. 따라서 각 분야의 튀는 인물이나 명사들의 경우 대다수가 이렇게 활동하며 자신의 영역을 넓혀나간다. 기업에서 묻혀 있기보다는 사회로부터 전문가로서 인정을 받으면서 더 넓은 세상을 무대로 삼을 수 있기 때문이다.

하지만 현실적으로 젊은이들 다수가 단순한 생각으로 사회에 뛰어들고 있는 것에 저자는 안타까움을 느낄 때가 한두 번이 아니다. 특히 대학을 졸업하고 취업을 하는 젊은이들에게서 이 같은 느낌을 종종 갖는다.

향후 진로에 대해 물어볼 경우 대졸자들의 다수가 하는 말은 한결같다.

"연봉 많고 안정적인 대기업에 취업하는 것이다"라고.

수많은 선배들이 기업에서 조기퇴직 명예퇴직을 하는 것을 보았으면서도 그들은 그것을 실감하지 못한다. 우선 당장 연봉의 액수에 목숨을 건다. 또 입사초기에는 유명 기업에 다닌다는 것을 마치 인생의 담보가 되는 훈장을 다는 것처럼 여긴다. 심지어는 대기업에 다녀야 마음에 드는 여성을 자신의 배우자로 삼을 수 있다고 말하는 젊은이들도 있다. 어처구니없는 일이지만 사실이다. 이 때문에 자신의 잠재적인 능력을 미처 끄집어내보지도 못한채 평범한 샐러리맨으로 전락하는 젊은이들이 부지기수다.

젊은날에는 당장 몇 천만 원의 연봉을 손에 쥘 수가 있고 주택구입자금 융자도 해주는 회사에 취업하는 것이 자신의 인생을 보장받은 것 만큼이나 잘된 일이라고 생각할 수도 있겠다. 그러나 그것이 인생을 행복하고 만족하며 살아갈 수 있게 해주는 성공의 만능열쇠는 아니다.

가장 중요한 것은 자신이 가장 잘 할 수 있는 일, 가장 좋아하는 일을 하면서 만족을 얻고 그 만족이 장인정신으로 이어져 10년 후, 20년 후에는 전문가로서 인정을 받는 것이다. 전문가가 된 사람들은 40대가 되고 50대가 되어도 자신의 위치나 수입에 대해 걱정을 할 필요가 없다. 전문가가 되면 돈은 저절로 굴러온다. 중요한 것은 먼저 경력을 쌓고 능력을 발휘하여 어느 분야이든 그 분야의 전문가로서 거듭나는 일이다.

샐러리맨과 전문가의 다른 점 그것을 젊은이들은 알아야 한다.

직업은 선택, 프리랜서는 필수

직장을 그만둔다고해서 모든 사람들이 회사를 설립하거나 돈 되는 자영업에 뛰어들 수는 없다.

'평생직장' 이란 말은 더 이상 통하지 않는 시대가 되었다. 20~30대 젊은이들 중 십중팔구는 기성세대들처럼 직장에 들어가 10년 이상 근무할 생각이 없다. 그러니 그들에게 정년퇴직을 거론한다면 그야말로 뺨맞을 일이다. 공무원이나 공기업 직원처럼 직장에 대한 안정도가 높은 이들이 아니라면 이제 근로자와 기업은 서로 만났다 헤어지는 계약연애 같은 관계가 되어버렸다.

온라인 리크루팅 업체인 잡코리아가 직장인들을 대상으로 설문조사를 실시한 결과에 따르면 응답자의 81.2%가 '현재 자신의 직업이 평생직업이 아니다' 고 응답했다고 한다. 특히 남성 직장인의 경우 현재의 직업을 평생직으로 생각하지 않는 견해가 82.0%로 여성 직장인 79.7%에 비해 2.3% 정도 높은 것으로 나타났다. 또 '언제까지 직장생활을 할 계획을 가지고 있는지' 에 대한 문항에는 응답자의 29.8%가 '35~40세' 라고 답해 직장인 10명 중 3명은 30

대 후반까지만 직장생활을 할 계획인 것으로 조사됐다.

이러한 경향은 구조조정 체제를 도입하는 기업과 평생직장이 아닌 평생직업을 선호하는 직장인이 늘어나면서, 자신만의 능력이나 브랜드를 강화하려는 직장인들이 늘고 있기 때문으로 보인다.

직업은 어떤 것이든 자신이 원하는 것을 선택할 수 있지만 직장은 일정기간 동안 머무르는 곳이며 언젠가는 독립을 꿈꾼다는 것을 대변해 주는 현상이기도 하다. 그렇다면 독립의 첫 단계인 프리랜서는 그야말로 필수가 되어버린 것이나 다름없다.

직장을 그만둔다고해서 모든 사람들이 회사를 설립하거나 돈 되는 자영업에 뛰어들 수는 없다. 자본력과 전문능력 외에도 조직관리를 비롯한 경영전반에 걸친 노하우가 없으면 기업이란 한낱 고무풍선과 같은 것이다. 요즘과 같은 글로벌경쟁과 무한경쟁시대에서는 먼저 시작하여 자리를 잡은 기업들이나 자금력이 강한 기업들의 파워에 짓눌려 언제 사라져버릴지도 모르기 때문이다. 이 때문에 가장 쉽고 그리고 부담없이 접근할 수 있는 형태가 프리랜서이다.

과거의 경우 프리랜서는 일부 직종에만 국한되었던 게 사실이다. 하지만 최근 들어서는 모든 분야가 세분화 전문화 추세를 겪으면서 직업들은 각각 전문성의 깊이를 더해가고 있으며 종사자들 또한 전문가가 되기 위한 노력과 자부심이 대단하다.

그렇다면 최근의 이 같은 직장 직업 트랜드는 다시 말해 '이제부터는 프리랜서 시대' 임을 알려주는 셈이다.

이미 찾아온 프리랜서 시대

세상 돌아가는데 눈이 밝은 사람들은 다르다. 오히려 프리랜서를 능력있는 사람, 비전
있는 사람이라고 말한다.

프리랜서라고 하면 고작 자유기고가, 구성작가, 사진작가 정도로만 생각하는 사람들이 있다. 그것은 사회 흐름을 제대로 파악하지 못하고 있다는 증거다.

요즘 우리 주변에는 프리랜서들이 한 둘이 아니다. 사진 출판기획 교정·교열 편집 취재 등의 분야에서 일하는 프리랜서들은 일일이 셀 수 없이 많으며 가구 디자인, 디스플레이, 직물디자인, 사진관기자재 납품, 실내 인테리어 등 다방면에 걸쳐 프리랜서로 활동하는 이들이 부지기수다.

평소 가까이 지내는 선배 중 한 사람은 기업교육 전담 업체에서 근무하다가 독립하여 재택근무하면서 기업체 인사교육 대행업을 하는가 하면, 잘 알고 지내는 한 사람은 기업의 연구소에 다니다가 그만두고 이미 2년 전부터 헤드헌터로 활동하고 있다. 이뿐만이 아니다. 인터뷰를 하다가 만난 엔지니어 출신의 한 대학강사는 중소기업만을 대상으로 컨설팅을 하고 있기도 하다.

자신이 경력을 쌓아 그 분야에 대해 노하우를 쌓은 사람들은 독립과 함께 혼자서 영업부터 실무, 서비스에 이르기까지 혼자서 척척 해내면서 재직시보다 더 많은 수입을 얻고 자유롭게 활동하고 있다. 이처럼 프리랜서들이 각 분야로 늘어나면서 프리랜서에 대한 인식도 이제는 달라졌다.

저자가 프리랜서를 시작하던 지난 1996년도만 해도 프리랜서를 직장 그만두고 잠시 쉬는 기간에 아르바이트하는 사람쯤으로 생각하는 이들이 많았다. 또 어떤 이들은 '프리랜서'라는 용어가 무슨 말인지 이해조차 하지 못하고 있을 정도였다. 그러나 요즘은 인식이 달라졌다. 만일 프리랜서를 예전처럼 보는 사람이 있다면 그는 시대착오에 빠진 뒤처진 사람이다.

세상 돌아가는데 눈이 밝은 사람들은 다르다. 오히려 프리랜서를 능력있는 사람, 비전 있는 사람이라고 말한다.

실제로 프리랜서는 어느 분야를 막론하고 영업, 전문적인 노하우, 홍보, 마케팅 등에 대한 능력을 고루 갖추고 모든 것을 혼자서 감당하는 사람이기에 '베테랑'이거나 '열성파'로 통한다. 프리랜서로 활동하는 당사자들도 직장생활보다 훨씬 힘들고 뛰어난 능력을 요구하는 직업형태라고 말한다.

시대는 지금 능력있는 프리랜서를 찾고 있다. 이런 시대 흐름을 빨리 읽어내고 자신이 일 하고자 하는 전문분야를 개척하여 프리랜서로 인정받는다면 '성공'이라는 관문을 통과하는 것은 그리 어려운 일만은 아닐 것이다.

살아 남는 자는 오직 전문가

자신이 만족을 찾을 수 있는 일을 해야 한다는 것, 이것은 직업활동에 뛰어드는 예비 취업생들이라면 명심해야 할 중요한 사항 중 하나다.

기업은 명문대 출신의 우수한 인재 보다도 어느 분야이든 그 분야의 전문가이거나 경력을 지닌 능력 있는 사람을 필요로 한다. 무엇보다도 이제는 기업들이 예전처럼 2~3년 간 돈 들여서 가르칠 만한 여유가 없기 때문이다.

실제로 최근 기업들의 채용실태를 보면 주요 기업들이 채용자 10명 중 8명을 경력자로 채우고 있는 것으로 나타났다. 기업들이 경력직 위주로 인력을 충원하면서 학교를 갓 졸업한 청년층은 일자리 구하기가 더욱 어려워졌다.

노동부가 밝힌 자료에 따르면 30대 대기업과 금융기관, 공기업 등 주요 기업이 2002년 새로 채용한 근로자수는 16만6천 명이고 이 가운데 81.8%가 경력자였다. 채용자수는 1997년(21만8천 명)의 76% 수준으로 줄어든 반면 채용인원 가운데 경력자가 차지하는 비중은 1997년(40.7%)의 2배로 늘었다. 채용정보업체인 '헬로잡'의 조사 결과에서도 기업의 일반적 정년인 56~60세까지 회사를 다닐 수 있다고 믿는 직장인은 불과 16%에 지나지 않은 것으로 밝혀졌다. 절반 이상인 52.9%가 45세 이전에 퇴직할 것이라고 예측했고, 40세 이전에 현 직장을 떠날 것이라는 응답도 30%를 차지했다. 특히 응답자의 3분의 2 가량이 "전문지식이 없으면 살아남기 힘든 시대가 됐다"고 생각하는 것으로 나타났다.

기업들이 외환위기 이후 상시 구조조정 체제를 갖추면서 즉시 현장 투입이 가능한 경력자 중심으로 인력을 충원한데 따른 것이다. 전문가들은 산업이 고도화될수록 기업들의 경력직 선호추세가 더욱 강화될 것으로 내다보고 있다.

또한 기업들은 경력자이면서도 전문가를 원한다. 30대 중반에 권고 사직을 당하고 40대 초반에 조기퇴직하는 직장인들의 공통점은 이들 대다수가 전문직이 아니라는 데 있다. 일반직의 경우 인원 부족시 아웃소싱이나 계약직 사원 채용으로 빈 자리를 쉽게 메꿀 수 있지만 전문직은 사람 구하기가 쉽지 않기 때문에 능력있는 전문가는 붙잡아두고 주특기가 없는 일반직은 경력 많으면 임금만 많이 줘야 한다는 부담감을 갖고 있어 구조조정시 대상에서 1순위가 되는 것이다. 문제는 업무직에 근무했던 직장인들의 경우 직장에서 나오면 마땅히 할 일이 없다는 것이다.

설령 전문직 종사자가 직장을 그만두었다고 치자, 경력을 활용하여 새로운 직장에 들어가거나 자신의 노하우와 경험으로 프리랜서로 독립하거나 새로운 회사를 차릴 수가 있다. 이뿐만이 아니다. 전문직의 경우 자신이 쌓은 노하우만 탄탄하면 재택업무 형태로도 얼마든지 살아남을 수 있다.

이 때문에 최근에는 일반관리직 종사자들이 어느날 갑자기 사표를 던지고 전문화되고 특화된 능력을 발휘할 수 있는 새로운 직업을 찾아 나서는 사례가 늘고 있는 추세다. 자신이 만족을 찾을 수 있는 일을 해야 한다는 것, 이것은 직업활동에 뛰어드는 예비취업생들이라면 명심해야 할 중요한 사항 중 하나다. 다시 말해 처음부터 20~30년 후에도 자신이 좋아하고, 잘 할 수 있는 일을 찾아야 한다는 말이다.

전문직은 일반직에 비해 경력과 노하우를 쌓는데 시간이 걸리고 처음부터 배워야 하는 상황이다보니 이름없는 중소기업에서 낮은 임금을 받으며 경력을 쌓아야 하는 경우가 흔하다. 하지만 먼 미래를 내다본 투자라고 생각한다면 회사의 규모 이전에 제대로 배울 수 있는 곳만 있으면 달려들어 배우겠다는 생각을 갖는 것이 중요하다.

배우자감으로도 '프리랜서' 인기

"우리는 아무데서나 일할 수 있으니 복받은 사람들이다. 인터넷 혁명은 곧 우리를 더욱 강하게 만들었다"

불과 5~6년 전만 해도 결혼 상대자인 남성이 '프리랜서'라고 하면 다들 고개를 흔들었다. 남자가 프리랜서로 일하면 경제적으로 안정적이지 못하다는 것이었다. 그러나 시대의 변화는 여성들의 결혼 배우자 인기도를 바꿔놓았다. 과거의 경우 거들떠보지도 않았던 프리랜서가 최근들어서는 인기상위그룹의 직업 중 하나로 나타나고 있다고 한다.

한 결혼정보업체의 조사에 따르면 여성의 경우 배우자의 경제력을 우선시 하는 게 일반적이지만, 개인 시간이 많은 전문가형 또는 프리랜서형 직업에 대한 선호도가 높아지고 있는 반면 수입이 많고 사회적 지위가 높아도 주말 근무나 야근이 잦은 직업을 가진 남성에 대한 선호도는 현저히 떨어지고 있다고 한다.

여성들이 가장 좋아하는 배우자는 지방에 살면서 프리랜서나 예술가 등 시간이 자유로운 직업을 가진 남성. 웰빙 바람이 불면서 각박한 대도시 대신 소도시나 전원에서 평화롭고 여유있는 삶을 함께할 배우자를 찾는 사람들이 늘어나고 있는 것이다. 또 현대인들이 사회적 지위보다 삶의 질을 중시하는 현대인들의 사고변화가 배우자를 찾는데도 영향을 미치고 있는 듯싶다.

실제로 프리랜서로 자리를 잡아서 해당 분야의 경력이 탄탄하거나 지명도가 있는 사람이라면 도시 근교의 한적한 곳에 살면서도 시간이나 장소에 구애받지 않고 일할 수 있으며 수입 또한 고수입을 유지할 수 있다. 바로 정보화시대가 이를 가능케 하고 있다. 프리랜서들의 경우 인터넷과 휴대폰, 컴퓨터 등을 활용하면 설령 거래처가 서울에 있다할지라도 지방의 소도시든 산골이든 문제가 없다.

저자의 경우 국내 어디를 가든 일할 수 있는 여건이 늘 마련되어 있다. 전화나 메일로 일거리 주문을 받고 PC방에서 원고 작업하여 이메일로 출판사, 잡지사로 보내면 그것으로 일은 깔끔하게 마무리된다. 이 때문에 가끔씩은 혼자서 또는 가족과 함께 여행을 하면서도 수시로 작업을 하여 거래처에 보내준다. 어디 국내 뿐일까? 일본, 호주에서도 여행을 즐기면서 취재를 병행하여 현지 PC방에 들어가 따끈따끈한 기사를 거래처에 보내준 적이 한두 번이 아니다.

이 때문에 주변의 친한 프리랜서들을 만나면 "우리는 아무데서나 일할 수 있으니 복받은 사람들이다. 인터넷 혁명은 곧 우리를 더욱 강하게 만들었다"며 떠들어댄다. 6년 전 저자가 결혼을 하고자 할 때 장인어른은 겉으로는 드러내지 않으셨지만 속으로는 사윗감이 프리랜서라서 걱정을 하셨다는 것을 결혼 후 아내를 통해 뒤늦게 알았다. 하지만 지금 장모님, 장인어른께서 사위가 프리랜서라서 걱정하는 일은 없다. 일반 대기업 보통 직장인들에 비해 저자의 지출경비는 좀 많을지라도 전체 수입은 결코 적지 않기 때문이다.

수입 얘기를 하다보니 문득 떠오르는 말이 있다. 결혼 후 2~3년 쯤 지났을까. 아내에게 물었다.

"그때는 돈도 없던 나를 왜 선택했어."

그러자 아내는 말했다.

"자기의 비전을 보았지."

경력은 중소기업에서 쌓아야 유리

여건을 탓하기 이전에 자신 스스로에게 '나는 내가 원하는 일을 어떠한 어려운 환경에 처할지라도 끝까지 하고자하는 열정이 있는가' 하고 물어보아야 한다.

직장생활에서 벌어들인 수입으로 빌딩을 구입하고 백만장자가 된 사람은 단 한 사람도 없다. 직장은 자신의 생활을 유지하는데 필요한 비용과 적절한 저축 등을 가능케 할 뿐이지 한순간에 엄청난 돈을 안겨주는 그런 곳은 결코 아니다. 특히 신입사원들에게는 더욱 그렇다. 그렇다면 직장에서 우리가 얻어야 하는 것은 무엇인가? 그것은 커리어와 노하우다.

최근의 기업들은 경력자, 즉 해당 분야의 노하우를 지닌 전문가를 원한다. 과거처럼 가르쳐서 써 먹던 시대는 지났다. 특히 대기업이나 외국기업들의 경우 이 같은 트렌드가 강하다. 이제는 대기업에 신입사원으로 입사한 후 정년퇴직하여 퇴직금이나 저축해 놓은 돈으로 노후를 살아갈 생각은 할 수가 없다.

기업들의 인력정책은 갈수록 '고용없는 성장형(型)'에 맞춰지고 있는 추세다. 특히 많은 대기업들이 아웃소싱을 더 많이 활용하고, 당장 필요한 인력만 수시로 뽑겠다는 정책을 펴고 있다.

채용 정보업체 '헬로잡'이 주요 기업의 인사 담당자와 직장인을 대상으로 실시한 '기업 인력정책 및 직장인 의식 변화 조사'에 따르면 기업의 72%가 생산 업무 인력 운용에서 크고 작은 규모로 계약직 등 비정규직을 쓰고 있는 것으로 나타났다. D일렉트로닉스는 전체 직원 4천여 명 중 생산 유통 영업 사무보조 1천800여 명을 인력파견업체에서 아웃소싱하고 있으며 R제과도 직원의 30% 가량을 비정규직으로 채용하고 있는 것으로 나타났다. 반대로 소수의 '핵심인재'에 대한 채용은 강화되고 있는 추세다. S화재는 미국, 유럽 등 해외 보험사에서 5년 이상 근무한 경력자를 매년 서너 명씩 위험관리 및 투자운용 부문에 스카우트하고 있으며 S정보통신도 지난해 프로젝트 수행을 위해 200명 이상의 프리랜서를 계약직으로 채용했지만, 이중 10명 이내의 극소수 핵심 기술 보유 인력을 정규직으로 앉힌 것으로 알려졌다.

기업들은 당장 써먹을 수 있는 인력을 선호한다. 수시채용이 늘어나면서 당장 써먹을 수 있는 능력과 자격증을 갖춘 경력직을 채용하는 기업이 대부분이다.

이 같은 현실을 감안할 때 중소기업은 경력을 쌓고 자신만의 노하우를 만들어 가기에는 더없이 소중한 현장이라고 할 수 있다.

어학이나 이론적인 지식이 중요한 일부 직종을 제하고는 대다수의 직업들이 머리보다는 단계적인 과정을 밟아가면서 그 과정을 통해 실무지식을 얻게 된다. 대학에서의 전문지식교육 및 직업교육이 부진한 국내환경에서는 더욱 그렇다.

중소기업의 경우 인력이 풍부하지 않다. 이 때문에 어떤 직종들은 선임자가 없이 스스로 배우고 터득해야 하는 곳들도 적지 않다.

한 중소기업의 사장은 새로운 분야에 기존의 직원을 투입시킬 때 어렵고 모르기 때문에 못하겠다고 하면 다른 기업의 선배들에게 가서 배워오라고 지시한다고 한다.

혹자는 이 같은 내용을 접하면서 "어떻게 그렇게까지 하는가? 사장이 잘못된 사람이다"라고 말할 수도 있으나 긍정적으로 받아들인다면 오히려 그 직원은 사장에게 감사해야 할 일이다. 새로운 것을 자발적으로 나서서 배우는 사람들에게는 누군가 의무적으로 가르쳐주는 것을 배우는 사람보다 한발 더 앞서나갈 수 있기 때문이다.

여건을 탓하기 이전에 자신 스스로에게 '나는 내가 원하는 일을 어떠한 어려운 환경에 처할지라도 끝까지 하고자하는 열정이 있는가' 하고 물어보아야 한다. 이 같은 질문에 '그렇다' 라는 답을 하는 사람이라면 이제 조금 더 높은 연봉 따위에 목숨 걸지 말아야 한다. 더 많은 것을 배우고 이를 통해 자신의 실력을 향상시키고자 노력해야 한다.

즐기면서 만족스러운 일

"돈도 중요하지만 하고 싶지 않은 일을 한다는 게 얼마나 힘든 일인 줄 아냐. 너는 네가 하고 싶은 일 하면서 먹고 살 수 있으니 얼마나 좋으냐. 네가 부럽다."

힘 안들이고 쉽게 일하는 것보다
더 힘든 것은 무엇일까?

답은 아주 간단하다. 자신의 적성이나 관심과는 전혀 상관없는 일을 하는 것이다. 자신이 하는 일 자체에서 즐거움을 느끼지 못하면 돈이 아무리 많이 벌려도 일에 대한 만족을 느낄 수 없는 것은 물론이고 지겹고 힘이 들어 오래 버티지 못한다.

현 직장생활에 만족을 못하는 이들 중 십중팔구는 자신이 원하는 일이 아닌 일을 하는 사람들이다. 전문교육을 가르치는 학원에서 강의를 하면서 직장생활에 만족을 느끼지 못해 찾아온 젊은이들을 수없이 만났다. 그들의 말은 한결 같았다.

"근무조건이나 수입은 만족스러웠지만 일 자체에서는 즐거움을 찾을 수 없었다. 만족을 느낄 수 없는 일을 하니 나이 한 살이라도 더 젊었을 때 내가 하고 싶었던 일을 하겠다."

이 세상 어떤 일이든지 힘 안들이고 성공할 수는 없다. 단 중요한

한 가지는 어떤 일을 하느냐에 따라서 힘은 들어도 일에서의 만족감을 느낄 수 있는 일이 있고 그렇지 않은 일이 있다는 것이다. 스스로 좋아하는 일, 원했던 일을 하는 사람들은 힘들어도 잘 참아낸다. 바로 만족이라는 것이 있기 때문이다.

선배들을 만나면 술좌석에서 종종 이런 대화가 오간다.

"어휴 지겹다. 돈 벌기 위해 사는 것도."

"그래도 선배는 집 있고 아이들 잘 크고 돈 걱정은 하지 않으시잖아요. 요즘 직장 짤려서 오갈 데 없는 사람들이 얼마나 많은데."

"돈도 중요하지만 하고 싶지 않은 일을 한다는 게 얼마나 힘든 일인 줄 아냐. 너는 네가 하고 싶은 일 하면서 먹고 살 수 있으니 얼마나 좋으냐. 네가 부럽다."

얘기가 이쯤 되면 나는 더 이상 말을 하지 못한다. 선배의 말은 틀린 말이 아니다. 밤을 새워 가며 원고를 쓰기도 하고 인터뷰 시간 맞추기 위해 이곳에서 저곳으로 이동하다보면 점심을 거르며 일할 때도 많다. 그러나 내가 원했던 일을 하기에 힘들다는 생각은 했을지언정 '내가 왜 이런 직업을 택했나' 하는 불만이나 후회는 없었다.

이런 점에서 프리랜서들은 복받은 사람들이 아닐 수 없다. 프리랜서로 활동하는 사람들 대다수가 전문분야에서 일하며 자신들이 지닌 능력을 살려가며 일하기 때문이다.

프리랜서들은 좋아하는 일이기에 일에 빠질 수 있다. 또 그것을 즐기다 보면 열정은 더해지고 그 열정은 한 분야에서 전문가로 거듭나게 하는 에너지가 된다. 일을 할 때는 나 자신부터가 휴대폰이 울려도 모를 정도로 일에 푹 빠지는 것도 일을 즐기고 그로 인해 얻게 된 나만의 열정이 있기 때문일 것이다.

초년병 시절에는 나 자신은 물론이고 주변의 프리랜서들이 경제적으로 그리 넉넉해 보이지 않았던 게 사실이다. 요즘은 그렇지 않다. 경력을 쌓은 프리랜서들은 경제적으로 안정이 되어 있다. 나 역시 부자라는 소리를 들을 수는 없지만 우리 가족들의 생계를 책임지면서 내가 하고 싶은 것을 하며 산다. 적어도 남에게 아쉬운 이야기를 하거나 손 벌릴 필요는 없을 정도는 되었다.

IMF도 프리랜서 앞에서는 'STOP'

'하늘이 무너져 내려도 솟아날 구멍은 있다'는 말이 이때 떠올랐다. '내가 누군데. 내가 어떻게 지금까지 버티어왔는데.'

1998년 초 IMF는 참으로 무서운 놈이었다. 주변 사람들 중 여러 명이 직장에서 하루 아침에 찬밥(?) 신세가 되어 보따리를 싸고 나왔다. 중소기업을 운영하던 친구는 문을 닫고 새로운 직업을 찾아 지방으로 내려갔다. 나 또한 움츠러 드는 분위기 속에서 겨울을 보내고 있었다. 잡지사 원고 쓰는 일이 급격히 줄어든 것은 아니었지만 논술과외를 하던 학생들의 아버지들 역시 어려운 상황을 맞이하면서 짭짤했던 과외수입이 사라져버린 것이다.

대학원 마지막 학기인 논문학기를 남겨둔 시점이어서 많은 갈등을 했다. 단 한 번도 휴학하지 않고 정신없이 벌어서 비싼 학비 감당해 오느라 숨이 차 있던 때다. 몸도 경제력도 다 지쳐 있는데 마음까지 궁지로 몰린 것이다.

'하늘이 무너져 내려도 솟아날 구멍은 있다'는 말이 이때 떠올랐다. '내가 누군데. 내가 어떻게 지금까지 버티어왔는데.'

그러나 경력이 무르익어가던 프리랜서인 나에겐 IMF라는 녀석쯤은 대결이 안 되는 놈이었다. 두어 달 동안 스스로에게 채찍을 가하던 중 아주 좋은 기회가 다가왔다. 그간 창업 원고를 많이 써왔던 터라 출판사측과 불황을 극복할 수 있는 소자본 창업에 대한 책을 쓰기로 한 것이다. 게다가 가까운 선배의 소개로 유명인 모씨의 책한 권을 리라이팅 하는 일도 생겨났다.

일이 많아 등록금 걱정이 없어지자 이번엔 일 때문에 시간이 없어 논문을 쓰는 게 불가능해졌다. 차라리 한 학기 늦추겠다고 마음먹고 일단 일에 시간을 쏟았다. 주변사람들은 프리랜서인 내가 매우 어려운 상황일 거라며 걱정을 했지만 오히려 수입이 더 많아지는 시기였다.

내 책과 리라이팅 이렇게 두 권의 책을 끝내고 나자 다시 새로운 책 계약이 이어졌고 그에 따라 잡지사나 사보에 원고를 쓸 일도 많아졌다. 창업분야와 직업분야에 대한 취재를 많이 했던 나에게는 IMF가 한 마디로 '이름값 높이는 절호의 찬스' 였다.

주변 사람들은 신기해 했다. 모두들 어려운 상황인데 어떻게 프리랜서가 거꾸로 일이 많냐는 것이었다. 그러나 그것은 사람들이 뭘 몰라서 하는 말이었다. 기업의 구조조정에 따른 인력감축은 곧 퇴직금, 상여금, 정년퇴직제 등의 부담이 전혀 없는 자유계약 하에 일을 하는 프리랜서를 필요로 했다.

1998년, 1999년 수입은 기대했던 이상으로 많아졌다. 그리고 그 다음해인 2000년이 되면서 당시 서른여섯 살이었던 나는 대기업 차장 연봉을 쉽게 따라잡을 수 있었다. 경력이 쌓일수록 일거리가 많아지고 대우가 달라지는 게 프리랜서인데다 시대적 필요성에 잘 맞는 직업형태이었기 때문이다.

1991년 1월 대학을 갓 졸업하고 입사했을 때 나의 첫 월급은 34만 원. 월급 50만 원에 상여금 600~700%였던 대기업에 취업한 대학동기에 비하면 그야말로 상대가 안 되었다. 그러나 프리랜서로 뛰어들어 자리를 잡은 후로는 나의 대학동기들에 비해 수입이 적을 거라는 생각은 한 번도 한 적이 없다. 하루 아침에 직장을 그만두어야 하는 불안감 같은 것도 없다.

이쯤 되고 보면 IMF라는 놈 정말 나에겐 게임의 상대가 안 되었다는 것이 빈 말은 아닐 것이다.

능력만 키우면 연봉 7천만 원 'OK'

"후배들아, 돈에 목숨 걸지 말고 일에 목숨을 걸어라."

1991년 주간신문사 신입기자 시절 첫 월급 34만 원.

1996년 6년차 경력기자 시절 월급 100만 원.

2000년 프리랜서 4년차 월 평균 수입 300만 원.

2004년 프리랜서 8년차 월 평균 수입 500~600만 원.

서른아홉 나이에 연봉 7천만 원을 버는 사람들은 많지 않다. 자영업자나 기업을 이끄는 사장 또는 특별한 직업을 가진 사람이 아닌 일반 샐러리맨 입장에서는 꽤 많은 돈이라고 느껴질 것이다.

취재기자로 사회에 뛰어든 지 14년. 지금 나의 연간 수입은 7천만 원 선은 된다. 이중 활동비를 제외하면 실수입은 적어지겠지만 어찌 됐든 적게 버는 돈은 아니라는 데 주변사람들은 물론이고 나 자신도 인정한다.

후배들을 만날 때마다 듣는 말이 있다.

"선배님, 돈 많이 버신다면서요. 저는 언제 그렇게 돼요."

이런 소리를 들을 때마다 마땅히 할 말이 없어서 그냥 미소로 때우기도 하지만 절친한 후배들에게는 꼭 한 마디 해주고 넘어간다.

"번갯불에 콩 튀겨 먹을래? 돈 생각 말고 일이나 열심히 해, 이놈아."

사랑하기 때문에 당장은 듣기 싫을지라도 말을 매섭게 던진다. 돈의 위력이 큰 세상이다 보니 사회 초년병들마저도 돈, 돈, 돈, 돈을 부르짖는다. 하지만 하늘에서 돈이 쏟아지거나 로또 당첨 같은 엄청난 행운이 오기 전에는 돈보다는 일에 더 큰 열정을 가져야 한다. 경력이 적은 사람일수록 더욱 그렇다. 능력도 없는 사람이 돈 욕심만 낸다면 그것은 남의 돈 거저 먹으려는 도둑놈 심보인 것이다.

프리랜서는 능력으로 인정을 받는 직업형태인 만큼 거래처로부터 일에 대한 능력을 인정 받는 것이 중요하다. 인정을 받으면 일은 지속적으로 이어지고 입소문으로 주변의 사람들에게도 알려져 일거리는 늘어나게 된다. 모든 전문 분야가 그러하듯이 하루 아침에 전문지식이나 노하우가 쌓여지진 않는다. 시간과 땀을 함께 투자할 때 돈은 저절로 따라오는 것이다.

'돈은 때가 되면 벌린다'는 말을 나는 믿는다. 14년간 꾸준히 한 길만을 파 왔기 때문에 오늘 나의 연봉 7천만 원은 가능했던 것이다. 어떤 일이든 마찬가지이겠지만 프리랜서 역시 하루 아침에 떼돈을 버는 직업은 아니다. 무던히 노력하고 경력을 쌓아가면 그에 따른 대가도 소리 없이 뒤따라오는 것이다. 그래서 내가 입버릇처럼 하는 말이 있다.

"후배들아, 돈에 목숨 걸지 말고 일에 목숨을 걸어라."

1인 사장시대를 여는 파이오니어

프리랜서는 사무실이 없어도 된다. 재택근무를 하면서도 얼마든지 가능하기에 창업
비용이 들어가지 않는다. 중요한 것은 능력일 뿐이다.

"박사장님, 오랜만이야."

농담 잘하는 친구들 중에는 나한테 이런 호칭을 사용하기도 한
다. 사업자등록을 내고 정식으로 직원을 고용하며 일을 하는 것은
아니지만 혼자서도 오랫동안 잘 버티며 살아가는 것이 신통해서인
지 덕담삼아 자주 '사장'이라는 호칭을 쓰는 것 같다.

사업자등록을 내고 일을 한다면 법적으로 사장인 셈이다. 언제
부터인가 나도 사업자등록을 내고 일을 해야겠다는 생각이 들었지
만 프리랜서의 수입이란 일반 기업과는 달리 변화가 심한데다 고
용하고 있는 직원도 없고 세금은 원고료 결제시 거래처에서 정확
하게 계산하기 때문에 굳이 사업자등록을 내지 않고 일하고 있다.

따지고 보면 프리랜서는 1인 회사를 이끄는 사장인 셈이다. 홍
보, 영업일, 수금 모든 것을 스스로 알아서 해야 하기 때문이다. 프
리랜스라이터의 경우 언뜻 생각하기에는 그저 신문 잡지의 청탁원
고나 쓰는 정도로 생각했다가는 큰 오산이다. 가만히 앉아 있는데

원고 써달라는 청탁이 들어올 리가 없고 거래처마다 규모나 운영 방식이 다르기 때문에 수금은 알아서 철저하게 챙겨야만 한다.

이것은 프래랜스라이터뿐만 아니라 모든 직종에서 활동하는 프리랜서들에게 공통된 사항이다. 프리랜서는 자신이 지닌 한 분야에 대한 능력 못지 않게 스스로를 관리할 수 있는 경영능력도 필요하다. 이 같은 1인 다역의 다양한 임무 수행은 처음이 힘들 뿐 어느 정도 익숙해지면 모든 것은 수월하게 돌아간다. 마땅한 거래처를 찾아 자신을 알리고 일을 하다 보면 자신감은 한결 강해지고 자신도 모르는 사이에 베테랑이라는 말을 들을 수 있을 것이다.

일본의 경우 몇 년 전부터 출판업계에 '1인 사장시대'라는 말이 생겨났다. 책 한 권을 만들 때 기획은 기획전문가에게 원고는 저자에게 그리고 편집은 외주업체에 맡긴다. 인쇄 또한 당연히 인쇄소에서 척척 알아서 해준다. 때문에 직원은 단 한 명도 고용하지 않고 책을 출간하는 출판사들이 적지 않다고 한다.

출판시장의 흐름은 갈수록 사회분위기에 맞는 아이템을 발굴해 신속하게 출간으로 이어가는 것이 베스트셀러를 만드는 기회를 잡는 일로 인식되고 있다. 사장은 트렌드를 찾아내고 전체를 관리하는 능력만 있으면 얼마든지 혼자서도 수십억 원의 매출을 올릴 수 있는 책을 내놓을 수 있는 것이다.

프리랜서는 사무실이 없어도 된다. 재택근무를 하면서도 얼마든지 가능하기에 창업 비용이 들어가지 않는다. 중요한 것은 능력일 뿐이다. 능력만 갖춘다면 연간 1억 원 이상의 수입을 올리는 1인 사장 시대의 주인공이 될 수 있다.

프리랜서는 능력의 상징

프리랜서, 누구나 원한다면 가능하다. 다만 노력과 시간을 투자할 각오는 되어 있어야 한다.

기업에서도 이제 예스맨은 통하지 않는다. 정장을 입지 않아도 되고 쉬고 싶을 때 맘껏 쉬면서 일해도 되는 회사들이 늘어나고 있다. 이는 최근 들어 기업에도 일하는 사람의 능력과 창의성을 중시하는 풍토가 조성되고 있음을 의미한다.

그럼에도 불구하고 젊은이들은 더 많은 자유를 원하고 자신의 끼를 맘껏 발산하고 싶어한다. 아무리 자유가 많이 주어진다 하더라도 회사는 조직이고 상하관계는 반드시 존재하는 게 현실이다. 자신의 뜻대로 기량을 펼치기에는 회사라는 조직의 특수성을 무시할 수 없는 입장이다. 이 때문에 일부 젊은이들은 조금이라도 자신의 생각과 일치하지 않으면 직장을 쉽게 버리고 새로운 일터를 찾는다. 40대, 50대의 기성세대들과는 달리 20대, 30대의 젊은 직장인들은 회사 충성도나 직장관에서 많은 차이를 드러낸다. 세대차이라는 것을 쉽게 느낄 수 있을 만큼 젊은이들의 사고나 행동은 한

눈에 드러난다.

주변에 후배들이 많은 나는 개성 강하고 능력있는 젊은 인재들을 자주 만나게 된다. 그들을 만날 때마다 말한다.

"프리랜서로 일해라. 능력 썩히지 말고 펼쳐보여라"

능력도 경력도 아직은 부족한 입장이라면 좀더 배운 후에 프리 세계로 뛰어들어야겠지만 한 분야에 적어도 5년 이상 활동을 한 사람이라면 얼마든지 프리랜서로 승부를 걸 만하다. '서당개 3년이면 풍월을 읊는다'는 말도 있듯이 빠르게는 3년 늦어도 5년 정도면 해당 분야에 대한 일반적인 실무지식을 손에 익힐 수가 있다.

물론 경력 3~5년 된 사람이 완벽한 베테랑이라고 말할 수는 없다. 하지만 독립하므로 인해 스스로 더 많은 기량을 기를 수도 있으며 더 큰 미래를 위한 도전이 된다는 게 내 생각이다.

왕초보인데 프리랜서가 되고 싶다?

이 또한 말릴 일은 아니다. 진정으로 원한다면 먼저 전문교육기관이나 전문가를 찾아가 기초적인 실무지식을 익힌 후 활동영역이 넓고 경력이 탄탄한 전문가를 찾아가 '나 죽었소'하고 2~3년만 시간을 투자한다면 직장생활을 통해 5년 경력을 쌓은 것만큼이나 빨리 배울 수도 있을 것이다.

프리랜서, 누구나 원한다면 가능하다. 다만 노력과 시간을 투자할 각오는 되어 있어야 한다.

배짱없는 사람은 'NO'

도전하는데 나이는 중요하지 않다. 얼마나 열정을 갖고 있느냐가 그 사람의 새로운 도전의 결과를 만들어낼 것이다.

배짱이 없는 사람은 사업을 할 수 없다고들 말한다. 매사에 꼼꼼하고 신중한 것은 좋지만 과감한 선택 없이는 성공도 기대하기 힘들다.

때로는 무 자르듯 확실하게 칼자루를 휘두르는 결단력이 필요할 때가 있다. 이는 사업을 하는 사람들에게만 통용되는 말은 아니다. 조금은 냉정하고 차갑게 들릴지도 모르겠지만 나 싫다고 다른 사람 원하는 애인이라면 미련없이 헤어질 필요가 있고, 내 적성과 전혀 어울리지 않는 일이라면 다른 직업을 선택해야 한다. 결정을 하루 이틀 미루다보면 소리없이 흐르는 시간은 '이미 때는 늦었소'라고 말할 것이다.

직장생활을 하면서 "독립해야 겠다"는 말을 하는 사람들이 많다. 하지만 적지 않은 사람들이 매월 꼬박꼬박 통장에 입금되는 월급에 목을 맨다. 그리고 새로운 도전을 두려워한다.

주변에 능력있는 선후배들이 여럿 있다. 선배라면 내가 감히 나서서 이래라 저래라 충고할 수는 없지만 후배들에게는 따끔하게 한 마디씩 던지곤 한다. 이를 테면 이런 경우다.

"선배. 회사 다니기 싫어요. 경력이 5년차인데 월급도 안 오르고 그렇다고 회사가 비전이 있는 것도 아니구요. 정말 짜증이 납니다. 프리랜서로 뛰고 싶다는 생각이 들 때가 한두 번이 아니예요."

30대 초중반의 나이에 있는 후배들의 이런 말을 들을 때면 속에서 울화통이 치밀어오른다. 뭐가 무서워서 프리랜서를 못한단 말인가? 설령 겁이 난다 할지라도 일단 덤벼들어 최선을 다한 후에 결과를 말해야 하는데 그렇지 못하다. 십중팔구는 이렇게 말한다.

"자신없어요. 선배처럼 일이 굴러 들어오는 것도 아니고……."

더 이상 참지 못한 나는 한 마디 쏟아낸다.

"해보지도 않고 겁부터 먹는 놈이 어디서든 잘하겠냐. 젊은 놈이 그렇게 배짱이 없어서 뭘 하겠냐, 대체."

직장을 다니다 프리랜서로 전업할 경우 초기에는 여러 어려움이 뒤따르는 것이 당연하다. 하지만 어떻게 노력하느냐에 따라서 3개월 후 6개월 후부터는 직장에서 보다 더 많은 수입을 얻을 수 있을 것이며 더 자유롭게 자신의 인생을 디자인해 나갈 수 있을 것이다.

서른두 살에 대학원을 들어갔고, 서른다섯이 다 되어서야 결혼을 했다. 그리고 마흔이 된 지금 뒤늦게나마 유학을 생각하고 있다. 도전하는데 나이는 중요하지 않다. 얼마나 열정을 갖고 있느냐가 그 사람의 새로운 도전의 결과를 만들어낼 것이다.

프리랜서가 되고 싶다면 현재의 자리에서 박차고 일어나야 한다. 아쉬움이나 미련을 남기는 것은 영원한 후회로 남을지 모를 일이다.

내 인생은 내가 디자인

이상한 것은 4년째 똑같은 학과의 학생들을 대상으로 같은 문제를 내는데도 자신의
10년 후 모습을 그릴 수 있는 학생들이 줄어드는 것이었다.

경력이 쌓이고 대학원에서 출판잡
지 석사학위를 마치고 나자 이듬해에는 전문학원에서 강의를 맡게
되었고, 1년 후에는 대학 강단에 설 수 있는 기회가 주어졌다. 대학
강단에 서는 것이 꿈이었던 것은 아니었지만 실무지식을 후배들에
게 전달해 줄 수 있는 기회를 갖게 됐다는 것에 감사해했다. 4년 간
대학에서 강의하면서 지키고자 했던 것이 있었다. 실무지식을 전
달하는 것도 중요하지만 출판이나 잡지 분야에서 일하게 될 후배
들에게 장인정신을 갖고 사회생활에 임할 수 있도록 전문직의 특
성과 전문인으로서의 자세를 알려주고자 애썼던 것이다.

관련 전문직의 특성을 알려주고자 교육 방송측에 의뢰해 비디오
테이프를 구해다 보여주고 어떤 일이든 한 우물만 파라고 강조했
다. 배울 때는 겸손한 자세로 임하되 일에 욕심을 내라고 했다. 그
리고 학생들이 졸업반 학생들이었기에 나만의 방법을 사용했다.
학생들의 기말고사 시험에 '10년 후 자신의 모습에 대해 서술하

라' 는 문제를 내는 일이었다. 그런데 이상한 것은 4년째 똑같은 학과의 학생들을 대상으로 같은 문제를 내는데도 자신의 10년 후 모습을 그릴 수 있는 학생들이 줄어드는 것이었다. 지난해에는 절반이 넘는 학생들이 졸업 후 진로에 대해 막막하다는 심정을 밝혔다.

대학에 입학할 때까지 막연히 좋은 대학에 들어가야 한다는 부모의 성화와 자신 또한 어떤 사람이 되고자 학과를 선택한 것이 아니라 일단 들어가고 보자는 식의 단순논리에 빠진 나머지 학과 선택에 큰 관심을 갖지 않는 이들이 한둘이 아니다. 어느 학교를 막론하고 우리 젊은 대학생들 다수가 그런 것 같다. 그러다보니 사회 진출을 코앞에 둔 졸업생이면서도 자신이 무슨 일을 해야겠다는 각오나 자신이 어떤 일을 잘 할 수 있다는 생각을 전혀 갖지 못한다.

스무 살이 넘었는데도 향후 삶에 대한 계획이 전혀 서 있지 않았다면 이는 큰 문제가 아닐 수 없다. 인생은 순전히 자신의 몫이다. 부모가 만들어주는 것은 결코 아니다. 경제적으로 부유하다고해서 행복하고 뜻있는 삶이 저절로 펼쳐지지는 않는다. 자신의 인생 주인공은 바로 자신이며 스스로 어떻게 생각하고 실천하느냐에 따라 10년 후 20년 후의 모습이 그려질 수 있을 것이다.

그저 막연하게 부딪힐 것인가? 언제까지 부모의 지갑에서 용돈을 충당할 것인가? 이제부터 '내 인생은 내가 디자인한다' 는 생각을 갖고 자신의 삶을 디자인해 보자. 내가 가장 잘 할 수 있는 일은 무엇이고 그 일에 도전하기 위해서는 어떤 준비가 필요한가를 정리해 보고 목표를 향해 몸을 던져야 한다. 목표가 뚜렷하면 첫 직장이 대기업이든 중소기업이든 문제되지 않는다. 중요한 것은 어떻게 배우고 익혀서 몇 년 후에는 어떤 사람이 되어 있을 것인가이다.

개성, 능력, 자유
3박자가 톡톡 튀는 프리세계

'프리랜서 세계'라는 무대는 마련되어 있다.
누구든 그 무대 위의 프리마돈나가 될 수 있고 히로인이 될 수 있다.
중요한 것은 자신이 선택하는 일을
어떻게 얼마나 현실로 펼쳐보일 수 있느냐이다.
노력해야 한다.
한 가지에 미쳐야 한다.
젊음의 폭발적인 에너지를 불사르는 열정이 있어야 한다.
자신만의 개성을 통해 '끼'를 발산시키고,
지식과 경험으로 구축한 자신만의 능력을 보여주는 가운데,
자유로운 일과 생활 속에서 창의력을 키워 창조로 이어가는 것.
이것이 바로 3박자가 톡톡 튀는 성공하는 프리랜서의 세계다.

2

섣불리 회사 차리는 일은 자제하라

자유 뒤엔 책임이 따르는 법. 하다못해 쓰레기 봉투도 직접 구입해서 사용해야 하는
게 사무실 갖고 있는 소위 '사장님(?)'의 몫이다.

7년 전이었다. 프리랜서로 전업하여
한참 일을 하고 있을 무렵 경력이 4년 정도 되는 후배가 사업을 하
겠다면서 시내에 사무실을 얻고 회사를 차렸다.

프리랜서를 선언하면서 가장 먼저 생각한 것은 '사무실을 쉽게
내지 말자'는 것이었다. 초창기의 경우 아는 이들 중엔 '돈 조금 들
여서 남들이 보기에도 그럴 듯한 오피스텔에 사무실이라도 하나
갖고 일하면 폼도 나는데 왜 그 길을 택하지 않고 집에서 일을 하는
가?' 라며 의문을 갖는 이들이 적잖았다.

그러나 이는 뭘 몰라도 한참 모르는 사람들이 하는 말씀(?)이다.
직장생활을 하면서 중간간부까지 경험했던 나로서는 직원을 거
느리고 사무실을 차리고 사업을 이끈다는 것이 그리 단순한 일만
은 아니라는 것을 피부로 느꼈다. 언뜻 생각하면 한 달에 30~40만
원 정도면 임대 사무실 한 칸 운영하는데 무리가 없으리라는 생각
을 할 수도 있겠다. 그러나 사무실 얻었다고 해서 임대료만 생각하

면 그건 큰 착각이다. 손님 오면 커피라도 대접해야 되고 여름 되면 소형 냉장고 하나라도 돌려야 한다.

'이왕이면 다홍치마' 라고 하지 않던가? 사무실 내면 소파 하나쯤은 놓고 싶고, 화장지 한 통 거울 하나 간단한 세면도구라도 갖춰 놓고 싶은 게 사람 욕심이다. 그러나 자유 뒤엔 책임이 따르는 법. 하다못해 쓰레기 봉투도 직접 구입해서 사용해야 하는 게 사무실 갖고 있는 소위 '사장님(?)'의 몫이다. 때문에 작은 사무실 하나 갖고 있더라도 부대비용이 적잖게 들어간다.

후배는 과연 이런 생각을 얼마나 해보았을까? 충고 삼아 해주고 싶었지만 '사촌이 땅을 사면 배 아프다' 는 말이 나올까 봐 차마 보약이 될 만한 잔소리를 하지 못했다.

직원은 아니지만 일 거드는 대학후배들을 서너 명이나 데려다 놓고 후배는 통신 IP사업을 시작했다. 월급은 안 준다고 하지만 일 도와주는데 밥이라도 사줘야 했고 젊다보니 날이면 날마다 소주 한잔씩 걸쳤다. 그러기를 두 달째. 사업의 진척도는 느리고 돈은 지속적으로 투자되다보니 갈수록 갈등하는 모습이 역력히 드러났다. 결국엔 3개월 만에 3백만 원 빚을 졌다는 얘기가 나오고 더이상 못 버티겠다는 하소연이 나오기 시작했다.

프리랜서의 경우 어느 직종이든 간에 마음만 먹으면 직원 한두 명 고용하고 사무실 얻어서 회사를 차리는 것은 그다지 어려운 일이 아니다. 생각 같아서는 조금만 더 벌면 된다는 입장일 것이다. 그러나 나가는 돈은 소리 없이 잘도 빠져 나간다는 게 회사를 운영하는 사람들의 공통적인 경험담이다.

회사를 차리는 것은 어느 정도 규모가 커져 혼자의 힘으로는 도저히 감당할 수 없을 때, 회사를 설립함으로 인해 상대적으로 부가가치가 크게 발생한다는 확신이 섰을 때, 조직관리를 위한 리더십과 자기 분야에서 노하우가 쌓였다고 자신할 수 있을 때 바로 그때가 창업을 시작할 때인 것이다.

선불리 회사를 차렸다가 오히려 프리랜서로 일할 때보다 더 낮은 곳으로 추락하는 모습을 보는 것은 같은 프리랜서 입장에서 볼 때 안타까운 일이 아닐 수 없다. 그럴 때마다 '선무당이 사람 잡는다'는 속담을 떠올리게 된다. 모든 것이 때가 있는 법이니만큼 무작정 너무 빠르게 성장을 재촉할 일만이 정도(正道)는 아니라는 게 나의 지론이다.

계약서 작성은 기본이다

프리랜서! 계약서 없으면 일 죽도록 해놓고 결제시 정당한 권리를 주장할 수 없다.

7년 전쯤의 일이다.

갑자기 안면이 있는 분으로부터 유명인 K씨의 책을 리라이팅 해보지 않겠냐고 제의해 왔다. 보수 조건이 괜찮고 내용 또한 쉽게 이해할 수 있는 것이어서 흔쾌히 응했다. 그러나 이겐 웬일?

자신의 이름 석 자가 나름대로 알려진 분이기에 설마 원고료 결제는 깨끗할 것이라고 믿고 계약서를 작성하지 않고 일을 했다. 물론 구두로는 지급시기와 액수를 약속했다.

처음엔 리라이팅이라고 해서 그저 쉽게 될 거라 생각했는데 막상 일을 하다보니 새롭게 창작을 해야 하는 부분이 적지 않았다. 그래도 군소리 없이 나름대로 아이디어를 찾고 참고자료를 읽어 가면서 두어 달 간에 걸쳐 작업을 마무리지었다.

문제는 원고료를 지급하기로 한 1차 약속이 어겨진 것이다. 결제를 맡아 처리하는 비서에게 사정을 말하고 지급해 줄 것을 요청했으나 당사자는 모른 척하고, 비서진은 급한 나머지 자신과 자신의 아내 신용카드로 현금서비스까지 받아서 결제를 해주는 게 아닌가?

돈을 받으면서 오히려 비서에게 미안함만 생겼다. 그리고 K씨에 대해서는 신뢰감이 무너지기 시작했다. 2차 대금을 받을 때 결제일을 며칠 앞두고 이번엔 더 큰 문제가 터졌다. 돈 50만 원 없다고 당장 무슨 일 일어날 사람도 아닌 것 같은데 기필코 50만 원을 깎겠다는 통보를 받은 것이다. 어처구니없었고 황당할 뿐이었다.

유명인 누구를 신뢰하지 않는 게 아니라 인간 K씨가 참으로 '아니다' 싶었다. 따져서 받아낼 수도 있었지만 중간에 일을 연결시켜 준 분께 해가 될 듯싶어 그냥 넘어갔다.

그때 주변에 있는 누군가가 내게 말했다.

"바보, 아니야? 왜 자신의 정당한 권리를 주장 못해? 파워 있는 유명한 사람이라서. 창수씨 그렇게 약해?"

나는 아무말 하지 않고 씁쓸한 웃음만 지었다. 한 가지 나도 잘못한 것이 있었다. 계약서를 썼다면 당사자에게 직접 계약서 조건을 우편으로 확인시켜주면 될 일인데 계약서가 없지 않은가?

그후 나는 단돈 50만 원의 원고라도 반드시 계약한 후 일을 진행한다. 계약시엔 철저하게 계약금을 받고 최종 결제시까지 계약서는 아주 신중하게 보관한다. 설령 선후배의 회사일이라 할지라도 계약서 없이는 일하지 않는다. 그때는 아무래도 어설픈 프리랜서였다는 생각이 추억처럼 가끔씩 떠오른다.

프리랜서! 계약서 없으면 일 죽도록 해놓고 결제시 정당한 권리를 주장할 수 없다. 홀홀단신으로 때로는 대기업과도 부딪혀야 하는 프리랜서에게 가장 큰 무기는 일에 대한 노하우와 계약서라는 것을 머리 속에 꼭꼭 심어둘 일이다.

어줍잖은 '끼'는 그저 끼에서 끝날 뿐이다

'저러다 며칠 못 가지, 차라리 직장생활로 다시 돌아가는 게 낳을 걸'

현실적으로 프리랜서로 일할 수 있는 직종들은 대부분 전문성이 강한데다 1980~1990년대를 거치면서 부각된 직종들이 주를 이룬다. 게다가 일반적으로 쉽게 접할 수도 없고 단기간 노력해서 되는 일도 없다. 그래서일까? 사람들은 프리랜서라고 하면 일단은 뭔가 능력이 있는 사람 그리고 개성도 강한 사람으로 짐작한다.

이 같은 일반인들의 보편적인 선입감이 결코 빗나간 것은 아니다. 수염을 기르거나 꽁지머리를 한 사진가, 일반인들은 감히 엄두도 내기 힘든 파격적인 액세서리를 한 패션디자이너, 매일같이 소주 한 병은 기본인 카피라이터 등등 전문직 프리랜서들은 대부분 개성이 강한 편이며 타인의 시선을 그다지 신경 쓰지 않는 편이다.

혼자서 머리를 짜내어 작업을 해야 하니 스트레스도 많이 받게 된다. 그래서 때로는 자기 내면에 쌓인 무언가를 털어버리기 위해 또는 자기만의 분위기에 취하기 위해 외형적으로 조금은 별나다거나 특별한 모습을 보이곤 한다. 물론 외형적으로 전혀 자신의 직업적 특성이나 성격을 드러내지 않은 이들도 적지 않다.

외형상으로 드러나는 이 같은 점들은 타인에게는 그 사람의 '끼'로 보여지고 그렇게 해석되기도 한다. 이 끼에 대해서 프리랜서의 한 사람인 나는 아주 자연적인 현상쯤으로 생각한다. 그러나 가끔씩은 후배 프리랜서들을 보면서 '저건 아닌데'라는 표정을 짓게 되는 경우가 종종 있다.

능력도 그다지 뛰어나 보이지 않고 경력도 짧으면서 외관상으로는 십 년 넘은 프로 같은 모습을 보이는 경우다. 이를테면 겉멋만 잔뜩 들어서 말투가 거만한가하면 옷 또한 세련미 넘치게 한다고 나름대로 꾸며 입어 언뜻 보면 끼가 넘치는 듯 하지만 내면상의 직업적인 끼, 즉 능력에 있어서는 쥐뿔도 들은 게 없는 것이다.

그럴 때마다 입바른 말을 잘하는 나로서는 한 마디씩 하곤 한다.

'저러다 며칠 못 가지, 차라리 직장생활로 다시 돌아가는 게 낳을 걸' 하고.

프리랜서(Freelancer)는 시간이 많다구요?

아무리 늦게까지 술을 먹고 몸이 피곤해 늦잠을 자더라도 휴대폰 배터리는 충분히 충전을 시켜 머리맡에 두고 잔다.

"프리랜서라면서. 야 좋겠다. 언제든지 맘만 먹으면 며칠씩 놀러도 갈 수 있고 아침 출근시간 없지 얼마나 좋냐. 내 직업도 프리랜서로만 할 수 있다면 당장 했을 텐데."

언젠가 친구 녀석과 몇 년 간 연락을 못하고 있다가 극적으로 연결된 전화로 안부를 묻다가 나온 말이다. 프리랜서로 활동하기 시작하면서 이와 유사한 말을 종종 듣곤 한다. 그럴 때마다 내가 자주 하는 말은 '그렇게 좋으면 너도 한번 해봐라' 라든가 '월급 받아 먹고 살 때가 가장 행복한 시간인 줄 알아라' 라는 식으로 응답해 주곤 한다.

막상 프리랜서 활동을 경험해 본 사람이라면 이처럼 프리랜서는 마냥 시간 많고 맘 편하다는 식의 말은 적어도 하지 않을 것이다. 그렇게 '누워서 식은 죽 먹기' 식의 직업이 프리랜서라면 직종별로 프리랜서로 성공한 사람들이 왜 손으로 꼽아야 할 정도이겠는가?

프리랜서가 무(無) 경험자들의 생각과는 정반대로 결코 쉽지 않은 이유는 간단하다. '남의 돈 먹기가 쉬운 일만은 아니다' 는 속담처럼 프리랜서로서 굶어죽지 않고 살아나려면 직장인들에 비해 두 배 이상의 땀을 투자하지 않으면 안 되기 때문이다. 프리랜서의 속성을 알면 보다 이해하기가 쉬워진다.

프리랜서의 일 중 일부는 거래처와의 장기적인 계약에 의해 매월 또는 매주 약속된 시간에 일을 해주기도 하지만 예외인 분야가 아니고서는 오히려 수시로 고객(거래처)으로부터 일거리를 받기 때문에 비상시 긴급 출동에 대비하고 있는 군인들처럼 늘 긴장의 고삐를 늦출 수 없다는 것이다. 특히 직원을 두지 않고 혼자서 일할 경우엔 더욱 그렇다. 고객이 원하는 일을 적기에 처리해 주어야만이 지속적으로 거래관계가 이루어질 수 있기 때문이다.

따라서 당장 할 일이 없다하더라도 장기간 여행은 꿈도 꿀 수 없거니와 단 이틀도 자신의 활동 지역에서 먼 곳으로 벗어날 수가 없는 것이다. 어디 그뿐이겠는가?

일례로 나의 경우 아무리 늦게까지 술을 먹고 몸이 피곤해 늦잠을 자더라도 휴대폰 배터리는 충분히 충전을 시켜 머리맡에 두고 잔다. 고객으로부터 일거리 주문전화가 언제 걸려올지 모르기 때문이다. 또 여행을 떠나려고 주말에 짐을 싸들고 서울역에 갔다가도 거래처 전화를 받고 발길을 집으로 돌린 적도 있다. 아무리 돈 안 되는 일(?)이라 할지라도 고객의 요구를 무시해 버리면 다음 일로 연결되지 않기 때문이다.

프리랜서는 결코 시간적 여유가 많은 사람이 아니라는 것, 그것은 초보프리랜서가 단단히 마음먹어야 할 사항 중 하나다.

어디서 무엇을 하는지 나만의 거울을 보자

적어도 일 년에 한두 번은 반드시 자신을 위해 단 하루만이라도 철저히 자유로운 시간
을 가지면서 과거와 현재 그리고 미래의 자신을 냉정하게 점검해 보라

지금 나는 어디에 서 있는가?
지금 나는 무엇을 하고 있는가?

스스로에게 묻는다. 나의 현주소를.
프리랜서 초년병 시절에는 1년에 한두 번쯤 이런 생각을 갖기도
했지만 경력이 쌓여가면서 오히려 그 빈도수는 늘어가고 있다. 40
대로 접어든다는 것에 대한 부담감과 정신없이 앞만 보고 달려온
것에 대한 스스로의 자성(自省) 때문에 최근 몇 년 간 이 같은 생각
은 부쩍 더해진 것 같다. 게다가 3년 전인가. 학원 강의시간에 만난
40대 중반의 한 학원생이 나 스스로를 더욱더 돌아보게 하고 있다.
큰딸이 고3이라는 중년의 아버지인 그는 내가 강의를 하고 있는
교육기관에서 20대 들이나 배우려고 하는 취재기자교육을 수강했
다. 그와 처음 만나던 날, 나는 잡지사나 인터넷정보사이트를 창업
하려고 하거나 현재 운영중인데 실무를 알고 싶어서 찾아왔을 기

라고 생각했다.

그러나 추측은 빗나갔다. 그가 이 교육을 수강하는 이유는 나이가 들면서 글을 써 보고 싶은 욕심이 생기는데 막상 시작하자니 엄두가 나질 않아서 찾아왔다는 것이다. 소설이나 시를 써서 문단에 등단하겠다는 생각은 전혀 아니다. 단지 살아가면서 남기고 싶은 이야기들을 글로 옮겨 보겠다는 이유 하나에서다.

어찌 생각하면 팔자 좋은 사람이나 하는 짓(?)쯤으로 생각하는 이들도 있겠지만 그건 시샘하는 말로밖에 들리지 않는다.

20대에 영어회화 학원 다니는 것도 몇 달을 고민한 끝에 다니게 되고, 30대에 자녀들과 함께 서점 한 번 가려면 서너 번 약속해야 한번 실천으로 옮기기가 바쁜 게 우리 시대 보통사람들의 삶이다. 하물며 40대에 젊은이들도 부담스러워서 쉽게 접근 못하는 교육을 과감하게 선택했고 하루도 빠지지 않고 성실하게 강의를 수강했다는 것은 나로서는 존경하지 않을 수 없는 일이었다. 상대의 정신력과 의지에 대한 놀라움을 벗어나 나 스스로에게 "너는 지금 무엇을 하고 있는가? 꼭 해야 할 일은 잊고 눈앞의 현실에만 급급해하는 것은 아닌가?"하는 자문(自問)을 하게 만들었다.

누군가 한 말이 기억난다.

어느 한 시점은 뒤돌아보지도 말고 다른 사람 말에 귀 기울이지도 말고 오로지 목표물인 그것만을 향해 앞만 보고 달리는 게 한 가지라도 이루어낼 수 있는 결정적인 계기가 된다고. 물론 이 말에도 일리가 있다. 단, 이는 젊은 날 자신이 좋아하는 어느 하나를 선택해서 어떤 결과가 있기까지 최선을 다하라는 뜻에서 비롯되는 말일 것이다.

프리랜서로 일하다보면 늘 이어지는 원고 마감에 쫓기는 생활을 하게 된다. 일 욕심을 내지 않고 적당히 일하고 쉬면서 생각할 여유를 가질 수도 있겠지만 일에 미쳐 경력을 쌓는 시절에는 그리 쉬운 일이 아니다. 기회가 주어졌을때 그 일을 잘 마무리해야만이 다음에 또 기회가 주어지는 것이 프리랜서의 세계이기 때문이다.

이미 갈 길이 정해져 있고 그것을 향해 달려온 나로서는 이제 잠시 한숨을 돌리면서 내가 달려오는 동안 미처 챙기지 못한 것은 없는지, 앞으로는 달려가는 방법론에서 어떻게 달려가는 것이 효과적인지를 생각해야 할 때인 것 같다.

더 나이가 들어 달리는 것이 아니고 걸어가는 것도 힘들 때 그때가 돼서야 '아차 그때 그걸 했어야 했는데' 하고 아쉬워하거나 후회하는 일은 없어야 하기 때문이다.

몇 년 간 책꽂이에 처박아 두었던 영어책을 다시 꺼내고 토요일과 일요일엔 도서관을 찾아가는 일 그것은 올 여름이 지나기 전에 내가 반드시 하지 않으면 안 될 일인 듯싶다. 그러기 위해서는 술 마시는 시간도 줄여야 하는데 가장 큰 걱정이 바로 그놈의 술, 술, 술이다.

나는 뒤늦게야 이렇게 나 자신이 어디에 서 있는지를 확인하는 시간을 갖게 됐지만 후배들에게는 적어도 일 년에 한두 번은 반드시 자신을 위해 단 하루만이라도 철저히 자유로운 시간을 가지면서 과거와 현재 그리고 미래의 자신을 냉정하게 점검해 보라고 말한다.

아이디어와 기획력이 무기다

상대가 원하는 것 이상으로 나만의 '끼'를 부려 기대 이상의 것으로 만들어준다. 그러
다 보면 더 많은 시간이 투자되고 원고료 이상의 일을 해주는 셈인데도 나는 즐겁다.

프리랜서는 본래 자유계약에 의해
상근하지 않고 일을 하는 사람들을 말한다. 그러나 프리랜서를 찾
는 이들의 프리랜서에 대한 인식은 두 가지로 나뉜다.

하나는 시간이 많은 사람들이니 언제 일을 부탁해도 처리해 줄
수 있다는 '프리랜서는 시간 많은 사람' 쯤으로 단순하게 생각하는
사람들이고 또 다른 한쪽은 '프리랜서는 능력이 있기 때문에 아이
디어도 많고 기획력도 뛰어난 사람'이라고 보는 사람들이다.

전자의 경우 프리랜서에게 일을 주는 것을 마치 선심 쓰듯 하면
서 프리랜서의 능력적인 면보다는 노동력 활용 차원을 우선시한
다. 불과 몇 년 전만 해도 프리랜서를 활용하고자하는 기업이나 사
람들의 경우 이 같은 쪽이 지배적이었다. 물론 지금도 프리랜서 활
용하는 쪽에는 이런 사고가 적잖게 깔려 있는 게 사실이다.

전문직 경력 14년, 프리랜서 경력 8년 차인 나.

가끔씩은 아직도 프리랜서를 이런 식으로 생각하는 사람들이 일

을 의뢰해 온다. 나는 그 자리에서 거절한다. 단순작업이나 해주며 몇 천 원 더 벌려는 생각은 추호도 없으며 그보다도 프리랜서에 대한 당신들의 인식에 불쾌해서 일을 해줄 수 없다고 말한다.

최근 들어서는 프리랜서에 대한 인식이 많이 달라지고 있다. 매월마다 원고를 기획하고 작성해 주는 L회사의 경우 나는 늘 그 사보 담당자에게 고마워하며 어떻게 하면 더 좋은 기획과 글을 쓸까 고민을 한다.

원고료가 비싸서, 사보 담당자가 미모의 여성이라서, 쉬운 일이라서 이런 것은 결코 아니다. 상대는 원고청탁시 늘 이렇게 말한다.

"이 기사는 이러이러한 효과를 위해서 기획해야 하는데 잘 좀 해주세요. 박기자님은 충분히 하실 수 있잖아요. 지난번 기획기사 아주 좋다는 얘기들이 많았어요. 그럼 이번에도 좋은 원고 부탁드릴게요?"

혼자서 사보를 만들다보니 아이디어를 찾거나 원고를 작성하는데 분명히 한계가 있다. 그렇다고 누구나 이 사보 담당자처럼 프리랜서에게 정중하고 상대의 인격을 존중해 주는 것은 아니다. '아' 다르고 '어' 다르다는 말이 있다. 나이는 비록 10살 정도 어린 상대이지만 이렇게 매너 있고 늘 겸손한 자세이니 내가 최선을 다해 일하지 않을 수가 없는 것이다.

일을 하다보면 상대의 경력이 적어 잡지나 사보제작에 원고 작성자 이상의 관여를 하기도 한다. 꼭지명(기사의 분류상 주어지는 이름)이 조금 어색하다 생각되면 원고료와 상관없이 나는 내가 가진 아이디어를 발휘해 좀더 나은 꼭지명을 만들어주기도 하고 기획도 상대가 원하는 것 이상으로 나만의 '끼'를 부려 기대 이상의 것으로 만들어주기도 한다. 그러다 보면 더 많은 시간이 투자되고 원고료 이상의 일을 해주는 셈인데도 나는 즐겁다. 그리고 만족해 한다.

요즘 청탁을 받아 쓰는 원고나 자체 기획하는 원고들은 대부분 새로운 아이디어를 접목시켜 기존의 스타일이나 아이디어와는 차별화를 꾀하는 것들이다. 일을 주는 잡지사, 출판사, 개인 등 나의 고객들의 인식도 '뭔가 특별하고 차별화된 원고를 받고 싶다'는 추세로 흘러가고 있지만 무엇보다도 남들이 쉽게 하지 못하는 것을 많이 하면 할수록 프리랜서 박창수의 대외적인 인지도는 높아지기 때문이다.

경력자로서 밥벌이를 한다는 의미도 있겠지만 '프리랜서는 프로'라는 것을 인식시켜주기 위한 이유도 큰 몫을 차지한다. 또 이렇게 함으로써 나에게 일을 주고자 하는 이들이 늘어나고 있는 것도 사실이다.

시간이 흐르면 흐를수록 프리랜서에 대한 인식은 좋아질 것이라는 게 나의 생각이다. 단, 능력이 우선시 되어야 한다. 풍부하고 기발한 아이디어와 탄탄한 기획력이 바로 그 무기일 것이다. 이는 원고작업을 하는 프리랜서만이 아니라 모든 부문의 프리랜서들에게 해당되는 것이다.

어려웠던 시절을 잊지 말아라

여전히 주변에 서서 잘 되기만을 바라는 사람들, 그 따뜻한 사람들에게 쓴 소주 한 잔 마시자는 전화 한 통화는 너무나 소중한 일이 아닐 수 없다.

사람사는 세상은 모든 게 사람과의 관계 속에서 이루어진다. 아무리 컴퓨터가 발달하고 인공지능을 갖춘 로보트가 우리 생활에 끼어 든다 해도 그것을 만드는 사람이 인간인 이상 우린 사람 냄새를 좋아하지 않고서는 살 수가 없다.

도대체 사람냄새가 뭐냐고 묻겠지만 그것은 사람에 대한 애정이 없는 사람은 느낄 수가 없는 아주 독특한 냄새임엔 틀림없다.

누구나 초년병 어려웠던 시절이 있다. 돈이 안 되는 일이지만 그것마저도 없으면 프리랜서로 어디 가서 명함도 못 내밀 시절이 내게도 있었다. 프리랜서로 큰 돈 벌지도 못하면서 대학원까지 다녀야 했기에 경제적으로 쪼들리던 시절도 내겐 잊을 수 없는 시간들이다. 등록금이 마련되지 않아 선배 사무실에서 임시 대출을 받아 가까스로 등록했던 일, 돈이 떨어질 때마다 주인집 아주머니께 융통해서 위기를 넘겼던 일, 술값이 없을 땐 체면지킨다고 친구들 번갈아 가며 만나면서 '밥 사달라, 술 사달라' 고 했던 일.

그때의 사람들을 한시도 잊은 적이 없다. 이 때문에 요즘은 먼저 전화해서 술 한 잔, 밥 한 끼 하자고 잘난 척을 한다. 형편이 조금 나아졌으니 한 턱 내겠다고 하면 다들 웃으면서 좋아한다. 그리고 몇 년 전 그 당시를 떠올리며 '고생한 보람이 있구나' 하며 자신들이 잘 된 것처럼 손을 잡아 준다. 물론 아직도 연락 못한 사람들이 많아 시간을 두고 한 사람씩 만날 생각이다.

가끔씩 주변에서 이런 말을 듣게 된다.

'자식, 옛날 생각 못하고 겁 없이 뛰는데 그러면 안 되지. 내가 저를 얼마나 챙겨줬는데' 라는 말.

물론 나에 대한 말은 아니다. 그리고 내가 누구에겐가 한 말도 아니다. 오히려 나는 주변 사람들로부터 많은 도움을 받았다. 또 그렇게 말하는 사람들이 상대를 미워해서 하는 말은 결코 아니라는 것을 나는 안다. 단지 아쉬움 또는 조금 서운함이 있을 뿐이다. 그러나 그것은 시간이 오래가면 무관심으로도 이어질 수 있기에 그저 지나가는 말로 들어서는 안 될 일이다.

나를 두고 한 말이 아닌데도 나는 가슴속이 뜨끔해짐을 느낀다.

'지금 나는 나를 위해 많은 애를 써주었던 그 누군가를 까마득히 잊고 있는 것은 아닌가?' 하는 생각을 갖게 된다.

내가 살아온 삶은 이제 39년. 삶이란 길지도 짧지도 않으며 유행가 가사처럼 빈 손으로 왔다 빈 손으로 가는 것이라고들 한다.

그렇다면 늘 잊지 말아야 할 것이 있다. 이 세상 수많은 사람들 중에 내게 마음을 주었던 사람들, 그리고 여전히 주변에 서서 잘 되기만을 바라는 사람들, 그 따뜻한 사람들에게 쓴 소주 한 잔 마시자는 전화 한 통화는 너무나 소중한 일이 아닐 수 없다.

공짜란 없다

프리랜서와 일반기자는 판이하게 다르다. 언뜻 보면 한쪽은 푸대접이고 다른 한쪽은 상전 아닌 상전격이다.

"안녕하세요. 오전에 전화 드렸던 프리랜서 박창수입니다."

기업 탐방이나 관련 취재를 위해 업체를 방문하여 담당자 사무실 문을 열고 들어가자마자 가장 먼저 하는 말이다.

"아! 네, 앉으세요."

잡지사나 신문사 근무할 때 같으면 "아이구, 박기자님 오셨어요. 이렇게 와주셔서 감사합니다. 너무 바쁘시지요"라는 의례적 인사가 통례다. 그러나 프리랜서에게 취재원들은 호들갑스럽게 대하지 않는다. 마치 비즈니스하듯 점잖은 태도로 응한다. 취재를 끝내고 나올 때 역시 취재원들은 정중히 인사를 하는 선에서 마무리진다.

어깨에 힘깨나 들어간 유명 일간지의 기자라면 어떨까? 식사는 꼭 하고 가셔야 한다면서 발길을 붙잡는 경우가 흔하다. 프리랜서와 일반기자는 판이하게 다르다. 언뜻 보면 한쪽은 푸대접이고 다른 한쪽은 상전 아닌 상전격이다. 그래서 프리랜서는 기분이 나쁠까? 그렇게 생각한다면 큰 착각. 오히려 마음이 편할 수도 있다.

'세상에 공짜란 없다'는 말이 있다. 비리란 처음부터 기획적으로 이루어지는 것도 많지만 우연한 계기에 본의 아니게 저질러지는 경우도 있다. 취재기자는 직장에서 월급을 받는다. 취재원들로부터 특별한 음식대접이나 돈 봉투를 받아야 할 이유가 없다.

공짜란 없다. 이유없이 무언가를 주는 데는 그 이면에 그만큼의 대가를 바라는 것이 사람들의 일반적인 심리. 문제성이 내재된 금품은 서로 받지도 않고 주지도 않는 것이 가장 마음 편한 것이다.

그럼에도 불구하고 취재원들은 당연히 기자에겐 무조건 잘 해주어야만 자신들에게 유리하고 기자는 어디서든 누구에게든 자신은 특별한 대접을 받아야 한다는 사고방식이 여전히 잔존하고 있다. 모든 취재원과 모든 기자들이 그런 것은 결코 아니다.

과거와 달리 기자와 취재원간의 끊을 수 없는 비리의 연결고리가 최근엔 많이 줄어들었다. 그러나 여전히 악성 관례들은 남아 있다. 정치인, 법조인, 경제인 등 지식인 계층의 다양한 비리, 부도덕한 면모가 시도 때도 없이 밝혀지고 대중들로부터 매질을 당하는 시대. 잘못을 저지른 그 누구도 영원한 비밀이란 있을 수 없다.

누군가의 비리가 사회면 톱기사로 실릴 때마다 나는 생각한다.

'프리랜서만큼 정당한 이익을 얻는 사람, 공정하게 일하는 사람은 없다'라고.

그 누구에게도 매달리지 않고 어느 조직에도 속해 있지 않은 프리랜서에게 있어서 비리란 있을 수도 없으며 업무 관계로 인해 심적 부담을 가질 이유도 없다. 자기 능력껏 열심히 일한 만큼의 대가를 얻는 프리랜서야말로 뱃속 편한 입장이 아닐 수 없다.

계속해서 공부해라

있는 밥만 열심히 먹어도 아무도 말 한 마디하지 않는다. 모든 것은 스스로 파악하고 선택하고 결정을 하는 것이다.

"부러워요. 나는 언제 경력 14년차가 되나."

"선배님 정도면 뭐 걱정 없지요. 고정적으로 일거리 들어오겠다 꽁트면 꽁트, 인터뷰면 인터뷰 뭐 일하는데 어려움 없잖아요."

일해서 돈 버는 것이 내겐 마치 '누워서 떡 먹기겠다'는 식으로 말하는 후배들이 종종 있다. 이제 막 시작하거나 경력 2~3년 차들로 내가 탄탄한 경력 갖고 프리랜서로 활발하게 움직이니 그렇게 부러운 표시를 할 수도 있겠다. 하지만 사실은 경력 10년이 넘어도 매일같이 걱정 않고 힘 안들이고 살아갈 수는 없는 게 현실이다.

경력이 많은 것은 결코 자랑이 아니다. 그만큼 능력이 있어야만 이 프로로 인정받을 수 있으며 무한경쟁 시대에서는 자기계발을 위한 노력 없이는 불가능한 일이다.

나레이터모델로 월 300만 원은 거뜬히 버는 경력 4년의 이모씨는 새벽 6시에 일어나 영어학원에 다니고 있으며 경력 10년이 넘는 인테리어 디자이너 최모씨는 올해 야간 대학원에 입학했다. 지금 이들의 수입이나 위치는 그다지 부러울 것이 없을 만큼 안정돼 있다. 그런데도 이들은 늘 바쁘게 움직이면서 무언가 하나라도 더 배우기 위해서 잠자는 시간까지 줄이고 있다. 이유는 뭘까?

이씨의 경우 국내 기업들의 외국 신상품 발표무대라든가 국제전시회의 나레이터모델로 활동하려고 하기 때문이다. 영어실력만 좋으면 얼마든지 업체로부터 스카웃될 수 있는 기회를 몇 번씩이나 놓친 것이다. 어디 그뿐인가? 영어회화에 능통하면 나이가 들어서도 연관된 사업을 벌이기 쉽기 때문이다.

최씨는 경력이나 능력에 있어서 베테랑이다. 이 때문에 지난해 모대학에서 강의를 요청해 왔는데 그는 거절했다. 이론적이고 체계적인 면에서는 왠지 자신이 없는데다 대졸 학력으로 대학강단에 선다는 게 스스로 용납이 안 된 것이다. 아직 나이가 40대 초반이기 때문에 대학원 과정을 마치면 강단에 설 수 있는 기회는 더 많아질 것이며 후배들의 경우 이미 대학에서 전공을 한 터라 그들에게 조금이라도 부족한 모습을 보여서는 안 되겠다는 생각 때문이다.

이들의 모습이야말로 앞서가는 프리랜서라고 할 수 있다. 직장인의 경우 자의든 타의든 노력하지 않고서는 버틸 수 없는 환경에 놓여 있기 때문에 오랫동안 살아남으려면 자기계발은 필수다. 그러나 프리랜서의 경우엔 다르다. 있는 밥만 열심히 먹어도 아무도 말 한 마디하지 않는다. 모든 것은 스스로 파악하고 선택하고 결정을 하는 것이다. 따라서 스스로가 필요성을 느끼고 알아서 움직여야 하는데 그것이 결코 쉬운 일만은 아니다.

프리랜서는 프리댄서(?)

디스코도 추고 블루스도 추고 고고나 지루박도 춰야 한다. 원고 10매의 정보기사도 쓰고, 꽁트도 쓰고, 여성지 섹스상식 기사도 쓰고, 중소기업 카탈로그 카피도 써야 한다.

3년 정도 직장을 다니다가 프리랜서로 6개월 동안 일했던 적이 있다. 그때는 프리랜서로 능력도 완벽하게 갖추지 않은 상태였으며 전업 프리랜서가 될 생각은 없었다. 다음 직장을 잡기까지 일시적으로 한다고 생각했다.

추석에 고향엘 내려갔는데 그때 친구가 한 말이 힘들 때마다 수시로 나를 위로해 준다. 아니 더 열심히 살아갈 수 있도록 해준다.

"요즘 너는 뭐 해먹고 사냐?"

그것은 나에 대한 관심이었고 우정어린 걱정이었다. 그래서 나는 피식 웃으며 말했다.

"나야 늘 그렇지 뭐. 몇 달 전부터 프리랜서로 일하고 있어."

말이 떨어지기 무섭게 친구녀석 웃으며 하는 말이 걸작이었다.

"프리댄서인지 뭔지 모르겠지만 어쨌든 밥 먹고 살면 되지 뭐."

그때만해도 프리랜서라는 말은 일반인들에게 그리 익숙해 있지 않은 용어인데다 녀석은 '프리랜서'에 대한 정확한 뜻을 모르고 있는 듯했다. 그런데 녀석의 말이 자주 떠오르는 것은 왜일까?

남들은 프리랜서라고 하면 마냥 좋게만 보려고 한다. 특히 직장인들은 매인 몸 아니니 얼마나 좋겠냐는 것이다. 하지만 실무에 부딪히면 그런 말은 모르니까 하는 말이라는 것을 실감하게 된다.

일거리 없으면 마냥 놀아야만 하는 직업, 그래서 일거리 확보를 위해 전화통화도 자주 하고 때로는 거드름 피우며 일거리 주는 이들에게도 마냥 고맙다며 머리 조아리는 적이 한두 번이 아니었다. 치사하게 보일지 몰라도 일단은 그렇게 해서 나의 거래처 고객으로 확보해야만 된다. 수금을 할 때는 어떠한가? 별의별 아쉬운 소리, 좋은 얘기 다해가며 상대방 기분 나쁘지 않는 선에서 결제를 부탁한다. 그런가하면 돈 10만 원밖에 안 되는 원고인데도 상대편이 마음에 안 든다고 일부 수정을 원하면 즉시 수정해서 팩스나 이메일로 보낸다.

어디 그뿐인가? 직장생활 할 때는 힘들거나 안 좋은 일 있으면 동료들이 술 한 잔 사며 위로도 해주고 하소연할 사람이라도 있다. 프리랜서의 아픈 속은 그저 혼자서 삭일 수밖에 없다. 그러고보면 친구의 말대로 프리랜서는 '프리댄서'이다. 화려한 조명과 음악속에서 아픔은 감춘 채 춤을 추어야 하는 댄서.

디스코도 추고 블루스도 추고 고고나 지루박도 추라면 춰야 한다. 프리랜서 기자는 원고 10매의 정보기사도 쓰고, 꽁트도 쓰고, 여성지 섹스상식 기사도 쓰고, 중소기업 카탈로그 카피도 써야 한다. 처음부터 내 입맛대로만 일할 수는 없다. 그 분야의 1인자 베테랑이 되기까지는 그 어떤 직업이든 그 누구든 거쳐야 하는 과정이 프리랜서에겐 오히려 더 힘들게 다가올 수도 있다는 것이다.

장기적인 마스터플랜을 세워라

프리랜서 활동 1~2년 만에 무조건 회사를 차린다면 십중팔구는 말아먹고 빈털터리가 될 수밖에 없다.

건강한 체력과 의욕이 넘치는 젊은 날엔 프리랜서라는 직업만 밝혀도 많은 이들이 부러워하고 능력 있다는 찬사를 보낸다. 오히려 자신이 실질적으로 갖고 있는 능력보다 더 크게 인정을 받기도 한다. 과연 나이 50이 넘어서도 이 같은 찬사는 지속될 수 있을까? 흰머리가 나고 자녀들이 중·고등학교에 다니는 중년이 되었을 때 제 나이보다도 더 어린 잡지사 편집장에게 아이디어를 제시하여 원고를 얻고 자식 같은 사람 결혼하는데 웨딩사진을 찍고 딸 같은 사람의 코디를 해줄 수 있을까?

프리랜서는 가만히 앉아서 머리만 잘 굴리면 되는 직업은 결코 아니다. 체력, 전문 노하우, 활동력이 필수조건이다. 즉, 프리랜서의 직업적 수명은 길어야 40대 중반 이전에 끝난다고 보아야 한다.

프리랜서의 다음 일은 사업으로 이어져야 한다. 이 세상 모든 직업과 사업은 하나로 통한다. 특히 전문직의 경우에는 프리랜서와 사업의 차이가 재택근무로 자기 이름을 내걸고 혼자서 일하느냐

아니면 사무실을 갖고 직원을 둔 상태에서 어엿한 회사명을 앞세워 일하느냐에 있다.

이 때문에 프리랜서로 성공하면 사업으로 이어지는 게 당연하다. 그러나 이 같은 사업으로의 전환은 적절한 시기가 있다. 프리랜서 활동 1~2년 만에 무조건 회사를 차린다면 십중팔구는 말아먹고 빈털터리가 될 수밖에 없다. 영업직이 아닌 일반 관리직 경력자가 회사 그만두고 사업을 시작했다가 망하는 일이 비일비재한 것도 '지피지기(知彼知己)면 백전불태(百戰不殆)'라는 것을 모르기 때문이다. 사업이란 전문기술력 자금 마케팅 인력관리 등 모든 게 고루 갖추어졌을 때 성공할 수밖에 없기 때문이다.

따라서 프리랜서 활동을 하면서 몇 년 후엔 어떠한 방식으로 사업을 하겠다는 마스터플랜이 머리 속에 디자인되어 있어야 한다.

잘 아는 디자이너 선배가 있다. 프리랜서 초창기에 만난 그는 이미 직장경력과 프리랜서 경력을 합쳐 10년이 넘는 베테랑이었다. 업체와 계약을 통해 일을 하지만 금액으로 보면 꽤 규모도 있었다. 그래서 나는 차라리 사무실을 차려서 본격적으로 사업에 뛰어들지 않느냐는 말을 하곤 했다. 그때마다 선배는 '아직 때가 아니다'라고만 했다. 3년 전 그는 사무실을 냈고 직원도 채용했다. 몇 년 전 내가 그런 말을 했을 때는 여러 가지 상황을 고려했을 때 위험성이 많았기 때문에 하지 않았다고 했다.

무엇이든 제대로 알고 덤벼들어야 한다. 그렇지 않을 경우엔 실패가 불을 보듯 뻔한 일이다. 단, 실패가 두려워서 일을 저지르지 못하는 것은 더 큰 실패를 자처하는 일이므로 꼼꼼한 계산하에 계획을 세워서 활동을 하는 것이 현명한 일이다.

자투리 시간활용을 잘해라

프리랜서도 나이를 먹어간다. 또 시간이 흘러갈수록 경쟁자는 늘어나고 일은 보다 전문적인 지식과 노하우를 원한다.

1년 365일 매일같이 일이 있는 프리랜서는 더 이상 바랄 것이 없는 사람이다. 그렇게만 일을 한다면 1년 내에 집 한 채 사는 데 문제가 없을 것이다. 절대 불가능한 것은 아니겠지만 현실적으로 또는 보편적으로 볼 때 프리랜서는 한달이면 20여 일 정도만 일을 해도 많이 하는 편이다.

세일즈의 경우나 대규모 작업을 맡았을 경우엔 다르겠지만 평균적으로 볼 때 20여 일 정도만 꾸준히 일을 해도 직장생활시보다는 수입면에서 높은 편이며 이 정도는 일을 해야만 전업 프리랜서로 인정받을 것이다.

단, 20여 일 일을 한다손치더라도 시간적으로 계산할 경우 가변성이 많은 편이다. 어떤 날은 낮에 이어 밤에도 잠 한숨 못 자고 일하기도 하지만 또 다른 날엔 실질적으로 일하는 시간이 하루 두세 시간 정도인 경우도 있다. 그렇다고 해서 밝은 대낮에 백수처럼 다른 스케줄을 잡아 휴식을 취할 수도 없는 일이다.

사무실 없이 재택근무를 하는 사람인 경우 수면을 취하거나 컴퓨터 게임을 즐길 가능성이 많다. 또 남자들의 경우 친구들과 어울려 놀기를 좋아하는 성격이어서 친구의 사무실에 놀러가거나 비디오를 보면서 시간을 보내기도 한다. 특히 결혼하지 않은 독신 남성들은 누구 눈치 볼 것도 없고 마냥 자유의 몸이다보니 시간관리가 제대로 이루어지지 않는 편이다.

적당히 벌어서 마음 편하게 살아가는 전형적인 스타일인 셈이다. 과연 이 같은 생활을 장기적으로 보장받을 수 있을까? 그것은 결코 아니다.

프리랜서도 나이를 먹어간다. 또 시간이 흘러갈수록 경쟁자는 늘어나고 일은 보다 전문적인 지식과 노하우를 원한다.

초창기 프리랜서 시절 나 역시 이 같은 문제에 봉착한 적이 있다. 월간 잡지 위주로 일을 하다보니 1일에서 15일까지는 정신없이 바쁘고 20일이 넘어가면 시간이 남아돌았다. 다음 호 아이디어 기획을 한다고 해도 온종일 책상에 앉아 기획을 하는 것은 아니어서 시간은 넘쳤다.

어떤 날은 사우나에 가서 몸 풀고 서점에 잠깐 들렀다가 저녁이면 친구 만나서 술 한 잔 하며 시간을 보내기 딱 좋았다. 그것도 몇 번 하다보니 문제가 생겼다. 놀면서 돈만 축내는 꼴이 된 것이다. 벌기는 힘들어도 쓰기는 쉽다는 말을 그때 깨달았다.

다시 취업을 하지 않을 것이고 그래서 프리랜서로 살아갈 작정이라면 이처럼 시간 보내기가 반복되어서는 안 되겠다는 생각을 갖게 되었다. 그래서 나는 통역학원을 다닐까 아니면 아이들 논술 과외를 할까 생각하다가 우선 돈버는 일이 중요하다싶어 중학생

논술과외를 했다.

오후 다섯 시가 넘은 시간에 주 3회 하였는데 일이 많은 초순에는 시간 맞추느라 정신없이 바쁘게 보냈지만 시간이 넉넉할 땐 다음 과외 준비를 미리미리 해놓아 크게 무리는 없었다. 1년 정도는 그렇게 남는 시간을 활용했고 그후엔 출판잡지에 대한 이론 지식을 쌓기 위해 야간 대학원에 진학했다. 일을 벌여놓고 나니 경제적으로 시간적으로 애로점은 뒤따랐지만 석사학위를 받고 난 지금은 스스로 참 잘한 일이라고 생각을 한다.

아무것도 하지 않고 남는 시간이라고 해서 마냥 무의미하게 보낸 것과 무언가를 스스로 찾아서 한 것과는 결과에 있어서 큰 차이가 있다는 것은 직접 경험을 해야 보다 명백한 답을 얻게 된다.

대학원 졸업과 때를 맞춰 올 들어서는 전문학원에서 취재와 기사에 대한 강의를 하게 되었다. 다시 남게 될 수 있는 공백을 채우게 된 셈이다.

남는 시간을 활용해서 돈을 더 버는 것도 좋지만 가급적이면 자신의 전문분야와 관련된 일을 찾는 것이 현명하며 우선 당장 돈 되는 일이 아닐지라도 가치 있는 일에 시간을 투자해두면 언젠가는 큰 재산이 된다고 보아야 한다.

가까운 사람 일일수록 신중을 기하라

　　　　　　　　　　직장을 그만 두고 독립을 하면 우
선 일거리를 잡아야 한다. 사전에 든든한 거래처나 고객을 확보한
상태에서 독립한다면 일거리가 없어 고민하는 일은 없을 것이다.
그러나 세상 일이 마음 먹은 대로 이루어질 수는 없다. 때문에 독립
을 하면 어떤 분야든간에 당장 일거리를 찾아나서기 급급하다.

　직장을 다닐 때는 출근이 곧 돈 버는 일이지만 프리랜서는 하루
일의 성과가 없으면 그 날은 공치는 셈이다. 오히려 활동비만 지출
된다. 이쯤 되고 보면 초창기엔 급한 마음에 전 직장 상사나 동료
학교 친구 친척 등등 사돈의 팔촌까지 눈도장이라도 찍은 적이 있
는 사람이라면 영업 대상으로 삼기 마련이다.

　누구에게나 필수품처럼 된 승용차, 두세 개쯤은 기본으로 가입
하는 보험, 집 수리에서 점포에 이르기까지 범위가 넓은 인테리어,
회갑연, 돌, 결혼 등에 빠지지 않는 사진 분야의 프리랜서는 맘만
먹으면 얼마든지 주변사람들로부터 일거리를 얻어낼 수 있다. 실

질적으로 영업에 큰 도움이 되는 것이 사실이다.

그러나 일이 쉽게 성사됐다해서 마냥 마음 놓고 좋아할 일은 절대 아니다. '가까운 사람일수록 조심스럽게 행동하라' 는 말이 있다. 믿고 물건을 팔아주거나 일을 의뢰하기 때문에 상대적으로 상품의 가치나 일의 결과에 대한 기대 또한 클 수밖에 없다. 다행이도 상대가 만족스러운 가운데 일이 매듭지어진다면 걱정할 것이 없겠지만 불만이 새어 나오면 이는 정말로 큰 일이다. 평소 가까웠던 사람이지만 거래 관계로 인해 문제나 오해가 발생하면 그간의 친분 관계나 정에 금이 가기 때문이다.

애초부터 모르는 사람이었다면 뒷수습만 말끔히 하면 그만이겠지만 인간관계가 결부된 거래 관계상의 문제발생은 자칫하면 결별로 이어질 수 있다.

프리랜서로 오랫동안 일해본 사람이거나 자영업자라면 오히려 아는 사람 일이 더욱 힘들다는 것을 알기에 주변사람들에 억지로 일 달라고 부탁을 하지 않는다.

■ **업무테크닉**
- 가까운 사람으로부터의 의뢰받은 일을 할 경우가 생긴다면 무엇보다도 가격은 기준을 철저히 지켜야 한다.
- 또 결제조건을 사전에 반드시 확인받는 게 좋다.
- 대신 인간관계의 정을 무시할 수 없는 만큼 일반 거래처와는 달리 부가적인 서비스나 다른 도움을 준다. 그리고 문제나 실수는 없도록 한다.

명함은 돈이다

사람들을 만나다보면 하루에도 대여섯 장씩 수첩 속으로 끼어드는 명함들. 이것은 프
리랜서에게 있어서 돈이나 다름없다.

'마음만 먹으면 길에 깔린 게 돈이다'

'멀리서 찾지 말고 가까운 데서 찾아라'

돈 버는 수완이 좋은 사람들은 돈 버는 비결을 이렇게 간단하게
말한다. 그들은 거리에 나가 사람들이 입고 있는 옷 액세서리만 보
아도 어떤 상품을 만들면 히트를 칠 수 있다는, 즉 돈벌이가 되는 아
이디어가 보통사람들보다 뛰어난 것이다. 그러나 전문직 종사자들
은 자신들의 업무와 관련된 분야에만 남다른 관심과 열정을 보이
므로 무엇이든 돈과 연계된 아이디어 착상으로 이어가는 사업가
기질엔 약한 편이다.

그렇다면 전문직 프리랜서들에겐 사업가적인 기질을 높일 수 있
는 방법이 정말 없을까. 가장 쉬운 방법 하나를 제시한다면 그것은
바로 명함관리다. 사람들을 만나다보면 하루에도 대여섯 장씩 수
첩 속으로 끼어드는 명함들. 이것은 프리랜서에게 있어서 돈이나
다름없다.

일반 회사들처럼 일거리를 얻고자 광고를 낼 수도 없고 날마다 팔려나가는 상품을 지속적으로 만들어내는 일도 아니므로 일이 많을 때는 밤샘작업도 하지만 일이 없을 때는 온종일 책상 앞에 앉아 신문이나 뒤적이면서 담배만 피워대기 십상이다.

이럴 때면 으레 내가 습관처럼 하는 일이 바로 명함을 뒤적이는 일이다. 나에겐 직장생활 초기부터 버리지 않고 모아 둔 명함이 수백 장이 넘는다. 성격이 꼼꼼하지 못해 명함철에 잘 모셔두고 있는 것은 아니지만 책상 속 종이 상자를 꺼내면 그 속에 수많은 사람들이 모여 있다. 1년에 한 번 정도는 정리를 하는 편이지만 7년 전에 만나보고 그 이후로 한 번도 왕래가 없었던 사람이라 할지라도 그냥 버리기 아까워할 때가 많다.

명함을 하나둘씩 넘기다보면 시간은 오래되었지만 다시 한 번 만나보고 싶은 사람들 또 요즘은 어떻게 지내는지 궁금증이 생기는 사람들이 있다. 잡지사, 신문사에서 취재기자 생활을 했던 나로서는 유난히 친하게 지냈던 기업의 총무과나 홍보실 사람들, 중소기업 사장님들, 취재 현장에서 만났던 타 매체의 기자들 등등.

그중에서도 몇 사람 명함을 골라서 전화를 걸면 직장을 옮겨 연락이 안 되는 이들도 있지만 60~70%는 반갑게 통화를 할 수 있다. 서로의 근황과 가까이 지내던 지난날들을 되새기며 "술은 여전히 많이 마시냐?" "결혼은 했냐" "진급은 언제쯤 하느냐" 등등 시시콜콜한 얘기를 하다보면 내 얘기도 나오게 되는데 전업 프리랜서로 일한다고 하면 한결같이 능력 있다고 말한다. 하지만 진짜 능력은 그 다음이다.

마침 일간 신문 칼럼난에 물류 전문기사 기고를 하기로 했던 중소기업 사장님은 아는 것은 많은데 글이 정리가 잘 안 된다면서 도와줄 수 있느냐고 하고, 프리랜서로 전업하여 중소가구회사들의 가구 디자인을 도맡아하고 있는 디자이너는 홍보용 카탈로그에 들어갈 카피를 써야 하는데 글은 자신이 없다며 카피를 의뢰해 온다. 어디 그뿐인가? 기자 생활을 하던 후배는 사외보 제작건을 맡았는데 기획기사 쓸 사람이 없어 고민하던 중인데 마침 잘 됐다고 하질 않나, 한 중소기업 사장님은 언론사에 보낼 보도자료를 만들어 줄 수 있느냐고 물어온다.

'서당개 3년이면 풍월을 읊는다'는데 매일같이 접하는 게 기업들의 보도자료와 홍보용 카탈로그이고 날마다 하는 일이 기사 쓰고 제목 뽑는 일인데 이 정도쯤이야 취재기자 짬밥(?) 3~5년만 넘어도 문제없이 가능한 일.

원하는 날까지 깔끔하게 일한 것을 갖다주면 상황이 급해 먼저 의뢰를 했던 사람들인지라 결제는 곧장 되고 오히려 고맙다는 인사까지 받게 된다. 건당 30~50만 원 정도가 되고 보니 잡지사 한 곳에 쓰는 원고료 몫은 된다. 이렇게해서 얻어지는 일거리들이 두세 달에 한두 건씩은 생기는 편이다.

설령 전화통화시 일거리를 잡지 못했다하더라도 내가 하는 일을 알리고 안부도 전할 수 있으니 인간관계는 물론이고 장기적인 비즈니스로 연결되는 셈이다.

'사람을 많이 알고 있는 것은 곧 재산이다'라는 말들을 한다. 나는 이 말을 믿는다. 사람과 돈을 반드시 연결시켜 생각해서는 안 되겠지만 인간적인 교류가 우선되다보면 서로 돕는 체계는 자연히 이루어지게 된다.

프리랜서 취재기자와 버스운전기사가 친한 친구라고 생각해 보자. 이럴 경우 서울시내 도로표지판 중 어떤 것이 잘못되었고 시내 교통체증의 원인이 무엇이며 버스카드의 문제점은 어떤 것이다 하는 것은 교통연구원의 박사보다도 더 실질적인 문제점을 지적해 줄 수 있는 사람이 바로 곁에 있는 친구가 된다. 가장 많은 정보를 지닌 취재원을 확보하고 있는 셈이다.

100명이면 100명 모두 한 달에 한 번씩 만나고 살아기기엔 힘든 현실 그렇다면 100장의 명함을 잘 간직하고 가끔씩은 뒤적여보는 것도 좋다.

시쳇말로 '밑져야 본전인데.'

죽을 각오로 덤벼라

처음부터 프리랜서로 시작한 것이 아니고 직장에서 경력을 쌓고자했다면 먼저 경력을 탄탄히 쌓아야 한다. 그리고나서 프리랜서를 시작해도 늦지는 않다.

프리랜서는 프로여야 한다. 아마추어 수준으로 프리랜서로 활동하다가는 허구한날 거래처에 이끌려 다니거나 일해 주고 욕 얻어먹기 딱 좋다. 문제는 '프로'라는 타이틀은 거저 얻어지는 것이 아니라는 사실이다.

'벙어리 삼년, 귀머거리 삼년, 봉사 삼년'이라는 말이 있다. 시집가는 딸에게 부모들이 해주었다는 이 말은 시집을 가면 그만큼 자신을 내세우지 말고 모든 일에 참고 살라는 의미를 담고 있다. 세상이 어느 때인데 케케묵은 말을 하느냐고 목청을 높이는 사람도 있겠지만 잠시만이라도 '옛말 그른 것 하나 없다'는 것에 동조를 해보면 어떨까?

전문학원과 대학강단에서 강의를 하면서 취업을 앞둔 학생들에게 "9년은 아니더라도 최하 3년은 모든 것을 참고 인내하여 자신의 경력을 쌓아야 한다"는 말을 해주곤 한다.

사회초년생인 신입사원들은 이론적인 지식은 충분할지 몰라도 실무는 걸음마하는 아이나 마찬가지다. 특히 전문직의 경우는 더욱 그렇다. 실무경험이 없으면 하나부터 열까지 차근차근 배우면서 자신의 장점과 능력을 잘 살려 나가야 한다. IQ 180의 천재일지라도 당장 해결할 수 없는 것이 바로 전문분야의 실무지식이다. 이는 순전히 경험을 통해 하나둘씩 익혀지는 것이기 때문이다.

그러나 적지 않은 신입사원들이 한두 달 다니다가 또는 6개월 정도 다니다가 철새 직장인들처럼 이곳 저곳으로 옮겨 다닌다. 기업에서 인정하는 경력은 최소 1년 이상 한 직장에서 근무했을 때 그것을 경력으로 인정한다. 첫 직장에서 1년을 채우지 못하고 다른 직장으로 옮길 경우 다시 수습기간을 겪어야 한다. 직장 경력이 2년이 넘었음에도 불구하고 잦은 이직으로 결국 경력도 인정받지 못하고 여기에 실무지식 또한 체계적으로 익히지 못해 어중이떠중이가 되는 사람들을 종종 볼 수 있다. 결과적으로 시간만 낭비한 셈이 된다.

주변 사람들로부터 '집에서 새는 바가지 나가서 샌다'는 말을 듣고 싶지 않다면 힘들고 어려운 일이 있더라도 참고 이겨내야 한다. 직장생활이 따분해서 프리랜서가 되고 싶다는 생각을 갖고 실무경력도 없는 사람이 프리랜서로 활동하겠다고 나선다면 그건 큰 실수를 저지르는 일이다. 전문적인 능력이 없는 사람이라면 프리랜서로 일할 수 없는 것은 당연한 일이다.

처음부터 프리랜서로 시작한 것이 아니고 직장에서 경력을 쌓고자 했다면 먼저 경력을 탄탄히 쌓아야 한다. 그리고나서 프리랜서를 시작해도 늦지는 않다.

일 하나에만 미쳐라

더러는 욕심이 많아서 사진, 컴퓨터그래픽, 홍보물 제작 등 여러 가지 일을 벌여놓는
사람들이 있다. 그들의 경우 십중팔구 한 가지도 성공을 못하더라는 것이다.

잡지사 기자 초년병 시절 불과 3년
경력으로 중소기업 대리가 된 나는 편집부에만도 부하직원을 다섯
명이나 거느리고 있었다. '선무당이 사람 잡는다' 는 말처럼 나 자
신의 경력은 일천하지만 그래도 자존심이 강해 상사로서 부하직원
들을 쥐잡듯이 잡는 성격이 없지 않아 있었다. 일 밖에는 모르는 사
람처럼 출판 잡지 일에 미쳐 있는 나를 사장은 긍정적으로 평가하
여 내게 그런 직책을 주었던 것 같다. 당시 취재팀 직속부하였던 한
후배는 경력이 뭐길래 나이 두 살 차이 나는 나로부터 잔소리도 많
이 들었고 때로는 스트레스 쌓일 만큼 작성한 원고를 다시 고치고
다시 쓰고 하는 일에 이골이 날 지경이었다.

그러다 나는 새로운 잡지사 공채시험을 통해 소위 '점프' 라는 것
을 했는데 바로 그것이 문제였다. 부하직원을 제대로 가르쳐주지
도 못한 채 나 혼자만 잘되겠다고 뛰쳐나온 일은.

그후 후배 녀석은 몇 개월 못 버티고 프리랜서가 되겠다고 회사

를 그만두었다. 더욱더 걱정스러운 것은 경력이 없는 것은 그렇다 치더라도 취재기자 활동만 하는 것이 아니라 소설도 쓰고 시나리오도 쓰고 거기다 컴퓨터그래픽을 이용한 패션정보사업도 하겠다는 게 아닌가? 시샘이 아니라 당시 나는 녀석이 마치 돈키호테 같았고 천방지축인양 보였다. 때문에 충고를 해주었다.

"경력 많은 사람들도 한 가지 일에만 몰두해도 힘들 때가 많은데 여러 가지 일을 벌이는 것은 무모한 짓이 아니겠냐. 너의 능력은 인정하지만 그중 한 가지 일에만 미쳐야만이 네가 성공할 것 같다."

이런 말을 한 데는 그만한 이유가 있었다. 취재기자 생활 첫해 주간신문사에서 문화담당 기자로 활동했을 때 '나의 일 나의 인생'이라는 시리즈면을 6개월 간 연재했었다. 이때 작곡가, 만화가, 소설가, 화가, 시인 등 각계에서 명성을 얻은 사람들을 만나 그들의 삶과 성공을 싣게 되었는데 30여 명이 넘는 명인들을 만나면서 알게 된 것은 바로 한 가지에만 몰두했다는 점이었다.

남도창에 빠져서 나이 마흔 살이 돼서야 뒤늦게 성공한 명창, 화구가 없을 땐 세간을 팔아서까지 그림에 빠졌다는 국전 출신의 화가. 그들은 한결같이 자기가 추구하는 예술 분야 또는 일에 미쳐 살아온 사람들이었다는 점이다.

적어도 자신의 입지를 확고히 굳힐 때까지는 오직 한 길을 걸어야만 한다는 게 나의 지론이다. 아직도 이런 생각은 변함이 없다. 더욱이 프리랜서 후배들에게는 '한 우물만 파라'는 말을 더욱더 강조하곤 한다. 더러는 욕심이 많아서 프리랜서라 할지라도 사진, 컴퓨터그래픽, 홍보물 제작 등 여러 가지 일을 벌여놓는 사람들이 있다. 그들의 경우 십중팔구 한 가지도 성공을 못하더라는 것이다.

매너와 에티켓을 길러라

경력 13년차라는 40대의 그 사진기자. 그런 사람이 역시 능력 있고 매너 좋은 프리랜
서가 아닐까?

프리랜서로 일하다보면 직종은 다
르지만 역시 프리랜서와 함께 업체측의 일을 하는 경우가 있다. 코
디네이터와 메이크업 아티스트, 취재기자와 사진기자, 그래픽 디
자이너와 카피라이터, 가구디자이너와 영상기사 등 세상 일 이란
서로 다른 일이지만 하나의 완벽한 상품을 위해서는 함께 호흡을
맞추어야 할 때가 있다.

잡지사의 취재건을 맡을 경우 사진기자의 70%는 역시 프리랜서
이다. 2인1조가 되어 움직이다보면 지방 출장시엔 좋은 벗이 되어
소주 한 잔 걸치고 이런 계기를 통해 서로 친해지는 일도 생겨 가끔
씩은 서로에게 일거리를 연결시켜주곤 한다.

경력이 많은 사진기자들의 경우 함께 다녀서 좋을 때가 많다. 경
험이 많다보니 모든 것이 '빠꼼이'가 되어 인터뷰시 빼먹은 내용
이 있으면 대신 자기가 물어서 알려주기도 한다. 그런데 문제는 경
력이 낮으면서도 자만심에 빠져 있는 프리랜서들이다. 국내에서

가장 손꼽히는 ○○대학 사진학과 또는 ○○대학교 사진학과, 라는 간판에 스스로 도취돼 취재기자가 인터뷰하는데 자기 맘대로 끼어들어 자기 얘기를 늘어놓는 경우가 있다. 이럴 경우 경력 없는 취재기자라면 자기가 묻고 싶은 내용은 묻지도 못한 체 시간만 지체되어 취재가 엉망이 된다. 그러나 여러 경험을 해본터라 나는 과감하게 말을 자르고 대화를 취재 중심으로 이어가는 편이다. 그러면서 한편으로 '저 매너 없는 짓 하고는' 하면서 다음에 다시 안만났으면 좋겠다는 생각을 갖기도 한다.

그런가하면 경력도 없는 1~2년차 사진기자가 사진 촬영 시 목에 힘만 잔뜩 들어서 나이 든 취재원에게 한다는 말이 "이건 저쪽으로요. 저건 보기 흉한데……"라며 반 지시 반 짜증 식으로 말할 때 그냥 한 대 쥐어 박고 싶은 마음이 간절하다. 아무리 능력있는 사람이라 할지라도 윗사람에게는 존칭을 반드시 써야 하며 취재를 하는 입장이라 해서 취재원을 마치 자신의 아랫사람처럼 부리는 행동은 삼가야 된다. 또 함께 일하는 프리랜서가 조금 서툴다거나 만나는 상대(고객)가 마음에 들지않더라도 자신의 일이기 때문에 참고 양보하며 이해하는 프로기질이 필요하다. 프로다운 기질은 매너와 에티켓에서 먼저 느껴진다고 보아도 과언이 아니다.

유독 사진기자의 예를 든 것은 아마도 내가 함께 일하는 파트너들의 90%가 사진기자들이기 때문일 것이다. 이는 반대로 생각하면 사진기자들 입장에서는 능력은 없으면서 자존심만 강하게 내세우거나 버르장머리없는 취재기자가 한 마디로 밥맛(?)처럼 느껴질 수도 있다는 얘기다.

어떤 직종의 종사자들이 특별히 매너가 없다거나 기본이 없다는 얘기가 아니다. 어떤 직종의 프리랜서든 자칫 잘못하면 만나는 상대로부터 또는 함께 러닝메이트로 일한 다른 직종의 프리랜서로부터 욕을 얻어먹을 수 있다는 말이다.

한번은 이런 적이 있다. 취재 섭외시엔 괜찮은 사진이 나올 것 같아서 함께 취재를 갔는데 막상 현장에 가보니 인터뷰는 그런 대로 괜찮았는데 사진촬영엔 문제가 생겼다. 사진에는 비전문가인 내가 보기에도 사진을 제대로 촬영할 수 있는 환경이 전혀 아니었다. 하지만 함께 동행한 사진기자는 짜증 한번 내지 않고 이왕 왔으니 어떻게든 일은 완성해야겠다며 애를 써서 마무리를 짓는 것이었다.

경력 13년차라는 40대의 그 사진기자. 그런 사람이 역시 능력 있고 매너 좋은 프리랜서가 아닐까?

이미지 관리, 여성일수록 더 신경써야 한다

여성들은 비즈니스에서 여성이라는 입장을 강조하거나 나약함을 보이기보다는 당당하게 비즈니스 파트너라는 입장을 보여줘야 한다.

디스플레이를 하는 그녀는 늘씬한 키, 어디가도 빠지지 않는 계란형 얼굴, 적극적이고 상냥한 목소리 등 외적으로 드러나는 모든 점들이 남성들로부터 매력을 끌기에 충분했다. 외모 못지 않게 실무에서도 능력을 발휘하는 그녀로서는 남들은 일거리가 없어서 한숨만 쉬고 있을 때도 늘 작업 스케줄이 빡빡할 정도여서 남자 후배 한 명을 데리고 일할 정도로 성공한 프리랜서라는 소리를 듣게 됐다.

거래처들이 대형쇼핑센터들이어서 조금의 실수도 허락할 수 없을 만큼 수익은 짭짤했다. 문제는 거래처 담당자들과의 인간관계 유지. 가끔씩 점심식사나 차 한 잔 하는 것은 비즈니스의 기본적인 절차인만큼 사양하지 않고 적극적으로 응했지만 저녁시간대의 만남은 거의 없다시피했다. 그런데 유독 한 업체의 담당자만큼은 늘 시간약속을 저녁시간대로 잡았다. 처음 한두 번은 바빠서 그러려니 했는데 한 번은 결제를 해주면서 은근히 술 한 잔 살 것을 요구했다. 나이도 그녀와는 10여 살 정도 차이가 나는데다 아직 미혼인 그녀로서는 여간 부담스러운 일이 아니었다.

'목구멍이 포도청'이라고 하지 않았던가? 하는 수 없이 그녀는 레스토랑에서 저녁을 대접하면서 원하는 대로 술 한 잔 살 수밖에 없었다. 평소 선물이나 뇌물공세는 전혀 하지 않는 입장이기에 몇 개월 간 일을 하면서 간단하게 술 한 잔 대접하는 것은 어쩌면 당연한 도리일 수도 있겠다 싶었다. 그러나 웬걸. 상대는 앞으로 늘어날 점포들이 어디어디라고 떠벌리면서 한 마디로 잘만 보이면 일거리는 얼마든지 연결시켜줄 수 있다는 미끼를 건네는 것이었다. 하지만 그 미끼 속엔 알게 모르게 그녀를 비즈니스 파트너가 아닌 여성(?)으로 보는 느낌이 강하다는 것을 지울 수가 없었다.

첫 번째 술좌석은 개인적인 사정을 핑계로 내세워 그런 대로 곱게 넘어갔는데 차장이라는 상대는 그녀에게 지속적으로 만남을 요구해왔다. 고민 끝에 그녀는 만남에 응했지만 그것은 작전이었다. 대학 선배를 남편으로 가장시켜 사실은 자신이 결혼을 했고 애까지 있다고 못을 박은 것. 자칫하면 거래관계가 끊어질 수도 있어 걱정도 하긴 했지만 어차피 넘어야 할 고개라고 생각한 그녀의 대처 방법은 성공적이었다. 상대의 기분을 상하게 하지 않는 범위내에서 자신의 입장을 보여 준 것이다. 그 후로 차장이라는 사람은 오히려 보다 적극적으로 그녀의 일을 도와 주었고 괜한 일로 귀찮게 하는 법은 없었다고 한다.

신문사 잡지사에서 여자 후배들과 함께 일하면서 그녀들 중 일부는 기본이 없는 몰상식한 취재원들 때문에 힘들어 하거나 아예 도중하차하는 것을 여러번 지켜보았다.

프리랜서의 일은 형식상으로 볼 때 작게 보면 아르바이트 같아 보이지만 프로로 인정받는 전문가들에게는 기업이나 다름없어 여성들이 적극적으로 뛰어들어 성공하기까지는 남성들에 비해 장애물이 많은 게 사실이다. 더욱이 우리 나라의 경우 남성 중심의 구조로 짜여져 있는데다 전반적인 의식 또한 남성우위 사고방식이 지배적이어서 여성들에겐 불리한 점들이 여전히 많다. 특히 여성의 성을 악이용하려는 경향이 없지 않아 자칫하면 이 같은 세태의 희생물이 되기도 한다.

여성들은 비즈니스에서 여성이라는 입장을 강조하거나 나약함을 보이기보다는 당당하게 비즈니스 파트너라는 입장을 보여줘야 한다. 커리어우먼이라는 점보다 여성적인 이미지가 앞설 경우 상대는 그 점을 악용할 수도 있기 때문이다.

첫 번째 일에서 능력을 보여라

슈퍼마켓에서 비누 하나를 샀는데 그것이 그만 피부에 부작용을 일으켰다거나 거품만
날 뿐 세척 효과가 없다면 누가 그 비누를 다시 사겠는가?

'첫 단추를 잘 끼워야 한다' 는 말이
있다. 이 말은 우리가 살아가면서 부딪히는 모든 생활방식에 통한
다. 프리랜서로 잘 나가는 길 역시 첫 단추를 잘못 끼우면 비전은
사라진다. 프리랜서의 세계가 프로의 세계라는 것을 인지하는 사
람이라면 쉽게 이해할 수 있을 것이다. 프리랜서는 한 번의 실수조
차 용납해서도 안 된다. 이유는 아주 간단하다. 슈퍼마켓에서 비누
하나를 샀는데 그것이 그만 피부에 부작용을 일으켰다거나 거품만
날 뿐 세척 효과가 없다면 누가 그 비누를 다시 사겠는가?

카피라이터의 광고 카피가 클라이언트가 제시한 광고효과에 전
혀 근접하지 않는다면 카피가 아닌 코피로 바뀔 수밖에 없으며 점
포 인테리어를 맡겨 놓았는데 의도했던 것과는 전혀 엉뚱한 스타
일의 결과가 나왔다면 고객은 훗날 일거리를 주지 않는 것은 고사
하더라도 일한 것에 대한 결제조차 해주지 않을 수도 있다.

거래처들과의 첫 번째 일은 거래처가 원하는 수준에 맞게 약속

한 시간까지 마무리지어 준다는 것을 철칙으로 삼아야 한다. 첫 번째 일은 곧 자신의 능력을 평가받는 것인 만큼 누구나 신경을 쓰지 않을 수 없다. 간혹 프리랜서 경력이 많지 않기 때문에 또는 다음의 일거리를 위해서 첫 번째 맡은 일에 지나치게 신경을 쓴다. 너무 신경을 쓰다보니 약속 시간에 마무리를 해주지 못하는 경우도 있고 또 초창기 고객이라는 이유 때문에 가격을 낮추는 경우도 있다.

초기의 경우 이와 유사한 실수들이 일어날 확률은 크다. 프로라는 자신감이 없을 때 실수는 곧 함정으로 다가오므로 명심해야 한다.

그런가하면 경력이 부족한 프리랜서들의 경우 자주 범하는 오류가 있다. 고객들은 저마다 원하는 색깔을 갖고 있어 좋아하는 주문 스타일이 있다. 그런 고객의 취향이나 희망하는 바를 완전히 무시하고 자기 스타일대로 모든 일을 처리해 주는 경우다.

프리랜서는 프로지만 자신을 위한 창작활동을 하는 사람은 결코 아니다. 고객을 위해 자신이 존재한다는 사실을 알아야 한다. 식당에서 손님이 된장찌개를 조금 맵게 해달라고 할 경우 주인은 그대로 따라주어야 한다. 본래 된장찌개는 구수한 맛이 중요할 뿐 매운 것은 절대 안 된다며 보편적인 입장을 고집한다는 것은 현명한 방법은 아니다. 프리랜서는 고객이 원하는 결과물에 보다 가깝게 처리해 주고자 노력해야 하는데 자신의 스타일과 개성만을 고집한 끝에 고객으로부터 불만족을 사는 결과를 낳기 때문이다.

특히 창작의 개념이 강한 디스플레이, 원고작성, 사진, 광고카피, 그래픽 디자인 등의 분야에서 이 같은 문제는 자주 발생한다. 자신의 스타일이나 취향보다 고객의 입장에 눈높이를 맞추어야 한다.

한 마디로 순수예술과 상품은 엄연히 다르다는 것이다.

얼마나 일하느냐보다 수입금 관리가 중요하다

많이 벌릴 때 저축하지 않으면 일 없을 때 돈 걱정을 하며 살아야 된다. 개미와 베짱이 의 우화 같은 단순한 논리지만 매우 중요하다.

취재 프리랜서로 활동하고 있는

나의 경우 한 달에 적어도 5~6개 이상의 거래처로부터 수금을 하게 된다. 잡지사 일을 많이 하던 때는 잡지사만 8개를 동시에 관리하던 때도 있었다. 그러다보니 돈이 들어오는 날이 제각각이어서 통장을 자주 확인하지 않으면 안 되었다. 통장 확인 정도는 시내에서 일을 보면서 은행에 들르면 되는 일이기에 크게 어려운 것은 아니었다. 요즘은 인터넷 뱅킹이 일반화되어 있으니 은행에 가지 않고서도 입금 여부는 확인된다. 문제는 들어오는 돈에 대한 관리다.

프리랜서 첫 해 몇 개월 동안은 현금카드를 소지하고 다녔던 까닭에 친구와 술을 한 잔 먹다가도 2차를 가야 할 것 같으면 몇 만 원인출을 하고 당장 돈을 쓸 일도 없는데 비상금조로 5~10만 원 정도는 수시로 인출하는 습관이 있었다.

돈이라는 게 일단 손에 쥐고 있으면 쓰게 되는 것이 당연지사. 게다가 술을 좋아하고 사람을 좋아하는 나는 몇 십만 원을 한꺼번에

쓰지는 않더라도 시도 때도 없이 몇 만 원씩 돈을 쓰게 되었다.

언제든지 카드만 있으면 몇 만 원 아니 일이십만 원은 인출할 수가 있어서인지 돈은 소리없이 흔적없이 빠져나갔다. 어떤 달엔 230여만 원의 수입금이 들어왔는데도 흐지부지 나간 돈이 100여만 원이나 되는 달도 있었다. 원고료라는 것이 많아야 50여만 원 정도 되고 대부분은 20~30만 원 단위가 많기 때문에 수시로 들어오는 돈을 곶감 빼먹듯이 쓰기에는 더할 나위없이 좋았던 것이다.

열심히 뛰어서 많이 벌은 것 같은데 결국 손에 쥔 돈은 얼마 안될 때 느끼게 되는 허무함과 비통함(?)은 컸다. 이래서는 안 되겠다 싶어서 스스로에게 약속했다. 비상시 필요한 돈은 수입금이 들어오는 통장이 아닌 다른 통장에 넣어놓고 그 통장의 현금카드 하나만 갖고 다니는 것이다. 그리고 수입금 결제 통장은 늘 갖고 다니면서 통장 정리만 하기로 했다. 이렇게 해보니 들어오는 돈과 출처 확인은 꼼꼼히 하고 지출은 적당히 줄어들게 됐다.

또 일부 거래처의 경우 다음달 일을 위해 방문했다가 전달 일한 수입금을 현장에서 받기도 하는데 이런 경우 역시 돈을 헤프게 쓰게 되는 또 하나의 원인이 되기도 했다. 때문에 요즘은 거래처에서 결제 이야기가 나오면 가급적이면 정해진 날짜에 통장으로 입금해 줄 것을 요청하는 편이다.

프리랜서는 일반 직장인에 비해 몇배 더 수입금 관리에 신경을 써야 한다. 일이 적어 수입금이 적을 때도 있고 명절이나 휴가가 끼어 있는 달은 다른 때에 비해 일거리가 적어 수입이 적기 때문이다.

많이 벌릴 때 저축하지 않으면 일 없을 때 돈 걱정을 하며 살아야 된다. 개미와 베짱이의 우화 같은 단순한 논리지만 매우 중요하다.

거래처 확보는 발로 뛰어라

'대충대충 하다가 안 되면 다시 취직하지' 라든가 '하다보면 어떻게 되겠지' 라고 생각
한다면 처음부터 이 길에 접어들지 말아야 한다.

"안녕하세요? 저 오○○입니다. 별
일 없으세요. 제가 기획 사무실을 냈어요. 발 넓으시니까 아시는데
있으면 소개도 좀 시켜주시고 그래픽 할 것 있으면 좀 주세요."

1년 전쯤 일이다. 친한 사이는 아니고 그저 안면이 있는 정도의
사람인데 컴퓨터 그래픽이 주특기인 그는 퇴계로에 기획사무실을
냈다고 했다. 몇 달 동안 연락 없이 지내고 있던터라 한편으로는 반
갑기도 하면서도 다른 한편으로는 통신(?)의 위력을 너무 믿는다
는 생각이 들었다.

본격적으로 사업을 할 생각이라면 적어도 일을 부탁하는 입장에
앉아서 전화 한 통화로 될 일인가? 그렇다고 술 사주고 뒷돈 주면
서 로비를 해야 한다는 것은 아니다. 적어도 직접 방문을 하고 명함
이라도 건네주면서 구체적으로 어떤 일들을 할 수 있다는 말을 해
야되지 않을까 싶다.

그 사람의 전화를 받은 이후 나는 그래픽과 관련된 크고 작은 일

거리를 소개시켜 줄 기회가 있었지만 적극적으로 나서질 않았다. 이유는 나를 통해 일을 맡기는 사람에게 일과 가격에 있어서 얼마나 만족시켜줄 수 있는지를 모르기 때문이었다.

또 카피라이터 경력이 5년쯤 되는 한 여자 친구가 있었다. 그녀는 광고회사로서는 대기업 수준인 회사를 다니다 프리랜서로 독립을 하였다. 초창기는 기존에 알고 있던 거래처와 선배들의 도움으로 2개의 광고기획사로부터 외주를 받아 6개월 정도는 일을 계속할 수 있었다. 그러나 갑자기 한 회사가 경영악화로 문을 닫게 되자 일과 수입이 절반으로 줄어 들었다.

그러나 이 친구는 새로운 거래처를 직접 뚫으려 하지 않고 선배들에게 부탁하는 눈치였다. 그러다 결국 프리랜서를 시작한 지 1년도 못 돼 일을 포기하고 결혼과 동시에 직업세계와 이별을 고했다.

프리랜서는 자신의 일을 전문직으로서 확고히 발판을 다지기 위해서는 직접 발로 뛰어야만이 장기적인 직업으로 이어갈 수 있고 성공하는데 유리하다. '대충대충 하다가 안 되면 다시 취직하지' 라든가 '하다보면 어떻게 되겠지' 라고 생각한다면 처음부터 이 길에 접어들지 말아야 한다.

거래처 확보를 위해서는 주변사람들의 도움을 받더라도 직접 새로운 거래처를 확보할 수 있을 만큼 일에 적극적이고 노력하는 것이 중요하다. 아는 사람들을 이용한 영업방식은 한계가 있기 마련이며 현재 아무리 안정적이라 할지라도 내일의 상황을 모르기 때문에 일단 거래처는 많이 확보해둘수록 좋은 것이다.

패션은 기본이다

비즈니스에서 복장은 상대의 첫 인상을 결정하는 데 큰 몫을 한다. 디자인과 컬러는
그 사람의 성격은 물론 개성까지 드러내기도 한다.

프리랜서를 동경하는 젊은이들 중
십중팔구는 '프리랜서' 하면 세 가지 자유를 우선적으로 떠올린다.
'출퇴근 자유, 활동 자유, 복장 자유.'

출퇴근 자유로운 거 사실이고 활동 자유롭게 하는 건 기본이다.
그렇다면 복장 자유는 더더욱 기본적인 거라구요? 천만의 말씀.

찢어진 청바지, 쫄바지, 반바지, 티셔츠, 점퍼, 모자 등등. 활동하
기 편하고 대충대충 걸쳐 입고 다녀도 되는 옷 차림으로 365일 '프
리프리(Free Free)' 할 수 있다고 생각한다면 프리랜서 세계를
잘 모르고 있다는 얘기다.

카피라이터, 출판기획자, 잡지기자들이라고 해서 매일같이 앉아
서 컴퓨터 자판이나 두들겨 댈까? 사진기자라고해서 시도 때도 없
이 등산복 차림으로 돌아다닐까? 인테리어 디자이너, 디스플레이
어라고 해서 하루종일 현장에서 일만 하고 있을까?

프리랜서가 일을 하기 전에 먼저 하는 것은 바로 일을 얻기 위한

영업. 또 일이 끝났다 할지라도 고객 관리나 수금 등의 활동을 직접 해야 된다. 그렇다면 자신의 활동시간 중 절반은 혼자서 일하는 시간이지만 나머지 절반은 그외의 활동으로 보아야 한다.

유명 인사의 원고를 리라이팅하기 위해 고객의 사무실을 방문하는데 반반한 얼굴과 개성만 믿고 티셔츠에 조끼 걸치고 반바지 입고 갔다고 하자. 평소 친한 사이도 아닌데다 나이 차이도 스무 살은 거뜬히 날 수도 있다. 당신이 일을 주는 입장이라면 이런 차림의 사람에게 일을 줄 수 있겠는가? 그래픽 디자인을 잘 하는 프리랜서라고 해서 선글라스 끼고 청바지 입고 대기업 홍보실에 찾아가 홍보 부장 앞에 서면 일거리가 그냥 나온다고 보는가?

그것은 절대 아니다. 비즈니스에서 복장은 상대의 첫 인상을 결정하는 데 큰 몫을 한다. 디자인과 컬러는 그 사람의 성격은 물론 개성까지 드러내기도 한다. 비즈니스 복장의 경우 가능한한 깔끔하면서도 단정한 스타일의 옷차림이 좋다. 더욱이 우리 나라의 경우 예의범절을 중시하는 사회인데다 1차적으로 외적으로 드러나는 이미지를 통해 신뢰성이 판가름나기 때문이다.

단 패션디자이너, 디스플레이어, 머천다이저 등 패션산업과 관련된 전문직이라면 옷차림이 그 사람의 안목이나 직업적 끼를 반영할 수도 있어 타직종에 비해 조금은 내츄럴(Natural)하거나 컬러풀(Colorful)하게 입는 것이 좋을 수도 있을 것이다.

프리랜서 직업 중 늘 정장차림을 해야 하는 직업들이 있다. 보험설계사, 카 세일즈, 아나운서, 무역업 등은 정장이 기본이며 가능한 세련미를 드러내는 차림이 활동하는데 이점이 될 것이다.

패션은 프리랜서의 기본이자 비즈니스의 첫 걸음인 것이다.

건강을 잘 컨트롤해라

수면 또한 은행에 가서 잠시 앉아 있는 시간에도 단잠을 자고 버스는 가급적이면 좌석
버스를 타고 움직이면서 수시로 눈을 붙였다.

중국 속담에 '아침에 거시기가 서
지 않는 사람에겐 돈도 빌려주지 말라'는 말이 있다고 한다. 가진
게 없어도 몸만은 건강해야 된다는 것을 빗대어 하는 말인 동시에
건강한 사람이라면 빚을 져도 갚을 수가 있다는 것일 게다.

건강은 딱히 누구라 할 것도 없이 인간의 삶에 있어서 가장 중요
한 것이다. 굳이 직업적으로 까지 세분화시켜 건강의 중요성을 말
한다면 건설현장 인부 못지 않게 건강관리를 잘 해야 하는 사람이
바로 프리랜서가 아닐까 싶다.

프리랜서들은 대다수가 혼자서 일을 한다. 자신의 일이 많이 쌓
였다해서 회사 다닐 때 처럼 동료가 도와주는 것도 아니고 그렇다
고해서 남편이나 아내 가족 그 누구도 도와줄 수 없는 일이다.

더욱이 프리랜서의 일은 정해놓은 시간 없이 수시로 들어오고
촉박하게 서두르는 이들이 많아 일이 있을 때는 밤샘작업을 하는
경우가 허다하다. 또 일 욕심을 내다보면 현재 진행하고 있는 일이

있는데도 불구하고 또 다른 일거리를 받을 때도 심심찮게 발생한다.

잡지사 일을 많이 하던 때는 한 달에 7~8개 매체의 원고를 처리한 적이 여러번 있다. 그러다보니 잡지사 원고 마감이 많은 매월 10일에서 20일 사이엔 정말이지 오줌 놓고 뭐 쳐다볼 시간도 없을 정도로 정신없이 일을 했다. 그럴 때면 으레 2~3일 정도는 밤샘작업을 하기도 하는데 그다지 체격이 좋지도 않으면서도 나는 용케 잘 견디어 냈다.

거기엔 나 나름대로의 노하우가 있었다. 일이 많을 때일수록 하루 세끼 먹는 것은 반드시 잘 먹고 그래도 배가 고프면 수시로 간식을 먹는 것이다. 또 일하는 시간외에는 어디서든지 수면을 취해 밤샘작업을 해도 건강에 이상이 없도록 하는 것.

식사는 지하철 스넥코너, 분식집 가리지 않고 배고프면 무조건 아무곳에서나 먹는 것이다. 수면 또한 은행에 가서 잠시 앉아 있는 시간에도 단잠을 자고 버스는 가급적이면 좌석버스를 타고 움직이면서 수시로 눈을 붙였다. 이럴 경우 3~4일 정도 일에 빠져 있어도 건강엔 지장이 없다. 일이 끝나는 날 며칠간 참았던 술 한 잔 마시는 기분 그 피로가 싹 가시는 듯한 기분은 그 누구도 알 수가 없다.

이 때문에 그간 나는 몸이 아파서 일을 제때에 처리해 주지 못한 경우는 단 한 번도 없다. 최근 들어 너무 잘 먹어서 배가 조금씩 나오는 것이 부담스럽긴 하지만 늘 건강한 편이다.

수금 못하면 헛 장사 헛 고생

누군가 '요즘 세상에 일해주고 돈 못 받으면 등신이지'라고 말하는 이도 있을 거다. 하지만 누구나 경험할 수 있는 일이고 적잖게 발생하는 프리랜서들의 '비애(悲哀)'다.

프리랜서 초기에는 일과 사람을 접하는 경험이 많을수록 좋다.

고객이 기업이든 개인이든 일의 규모가 적든 많든간에 다양한 경험을 하는 것이 시장 파악은 물론이고 정확한 방향 설정에 도움이 된다. 그런데 초창기일수록 함정이 도사린 일을 하게 되는 경우가 발생하는 확률이 높다.

그 함정이란 이해하기 어렵겠지만 며칠 밤낮 정신없이 일해 주고 돈을 못 받는 것. 단, 이런 경험은 가급적이면 안 하는 게 좋다.

누군가 '요즘 세상에 일해주고 돈 못 받으면 등신이지'라고 말하는 이도 있을 거다. 하지만 누구나 경험할 수 있는 일이고 적잖게 발생하는 프리랜서들의 '비애(悲哀)'다.

일찍이 기자생활 초기에 아주 따끔하게 이 같은 경험을 했다. 속이 쓰리고 화가 나서 미칠 지경이었지만 남의 돈 떼먹고 도망간 사람 잡기란 차라리 '내 탓이오'를 외치는 편이 낫다는 것을 일이 벌어진 후에야 알았다.

경력 4년차 시절 신문사를 다니다 잠시 쉬고 있을 때였다. 정보통신과 관련된 그 잡지는 창간된지 4개월 정도된데다 후배가 몸담고 있던터라 이게 웬 떡이냐 하면서 달려 들었다. 더욱이 매월마다 고정된 기사를 맡기로 했기에 첫 달 일을 해주고 원고료를 받지않은 상태에서 다음달 일까지 마무리를 해주었다. 그러나 원고료는 지불되지 않았고 어느날 갑자기 사장이 자취를 감추는 사태가 벌어졌다. 80여만 원의 원고료가 물거품처럼 사라진 것이다.

어디 그뿐인가? 또 한 번은 잡지그룹이라는 소리를 들을 만큼 유명한 회사의 여성지에 2개월 간 원고를 기고했으나 3개월이 흐르고 6개월이 흘러도 원고료는 좀처럼 나오지를 않았다.

취재 프리랜서의 경우 사전에 취재비라도 받고 일을 하는 것은 아니기에 지방취재까지 다녀온 경비, 사진 인화 현상비 등 순전히 생돈만 날린 셈이었다. 똑같은 일을 두 번씩 당하고 보니 머리에 쥐가 날 정도로 스트레스가 쌓이는 게 아닌가? 사장이 도망간 회사는 그렇다손치더라도 이름있는 회사의 경우 여전히 잡지는 나오고 있었으므로 나는 칼을 들었다.

'내용증명'

민사의 경우 법정에 서기 전에 내용증명을 반드시 발송해야만 한다. 내용증명을 보냈는데도 상대가 아무런 연락이 없고 불성실했을 경우 재판에서 승소하는데 유리하기 때문이다. 원고료 액수, 지급받아야 하는 이유, 지급방법, 일자 등을 상세히 적어 보냈는데 답장은 의외로 빨리 왔다. 사정이 있으니 조금 기다려 달라는 것. 그렇다고 마냥 기다려서는 안될 듯싶어 정확한 지급일자를 담당자에게 받아냈다. 하지만 역시 상대는 약속을 지키지 못했고 나는 내용증명을 다시 보냈다. 원하는 날까지 입금이 되지 않으면 법원으로 가는 수밖에 없노라고. 1주일 정도가 지나고 나서 원고료는 입금이 됐다.

전업 프리랜서가 된 후로는 일을 하기에 앞서 먼저 잡지사나 신문사 아니면 의뢰인의 재정 상태를 먼저 파악한 후 일을 한다. 또 경력이 어느 정도 쌓여서 웬만한 업체들은 원고료 지급 능력 여부를 파악하는 일이 쉽게 가능해졌다.

요즘 주변의 후배들이 일을 시작할 때 염려스러워서 늘 물어본다. 어느 업체의 일을 하는지 결제는 잘 받았는지에 대해서. 초보 프리랜서의 경우 누가 일거리를 준다고만 해도 흥분이 돼서 결제는 잠시 뒷일로 미루어둔다. 그러나 그것은 방심이며 쓰라린 패배감을 안겨줄 가능성이 크므로 사전에 철저하게 고려한 후 일을 시작해야 한다.

■ 이런 업체나 고객은 피해야 한다

- 보편적인 선에 비해 더 많이 주겠다고 하는 경우
- 지나치게 친한 척하면서 잘 아는 사이처럼 행동하는 경우
- 돈 나올 곳이 많다며 큰 소리치는 경우
- 결제 안 된 상태에서 다음 일 얘기하는 경우
- 상근직원들의 급료가 정확한 날짜에 나오지 않는 경우

■ 수금을 잘하는 방법 7가지

- 결제 독촉시 화를 내거나 욕설을 하지 않는다.

- 결제 약속을 한 날과 시간에 통장 입금 여부 확인 후에 연락을 취한다.
- 상대가 어려운 상황이라 판단될 경우 액수를 몇 차례 나누어서 받는다.
- 전화통화시 안부를 먼저 전하고 돈 얘기는 나중에 한다.
- 자신의 어려운 상황을 진솔하게 피력한다.
- 약속을 어길 경우 다음 결제 약속은 직접 만나는 것으로 한다.
- 상대방의 사정도 충분히 들어주면서 부드럽게 결제를 부탁한다.

계약된 일은 약속한 시간까지 완벽하게

나의 힘든 상황을 이해해 주겠거니 하고 은근히 동정과 이해를 구한 것이다. 하지만 프로의 세계에서 그것은 결코 아니 될 일이다. 프로는 능력과 약속 이행으로 승부한다.

"박창수씨, 사진 어떻게 된 거야. 마감은 사진까지 마감돼야 마감인 거야. 원고만 던져주고 마감됐다고 생각해. 언제까지 가져올 거예요. 내일 모레는 안 돼요. 알았어요?"

여행전문지 김○○ 부장님. 지금은 휴간 상태지만 당시 발행되던 여행잡지로서는 나무랄데없이 잘 만드는 괜찮은 잡지사의 부장님이었다.

그때가 1996년도였다. 전에 알고 지내던 분이 아니었는데도 돈키호테식인 나의 영업전략으로 인해 아이디어를 먼저 제공하고 일거리를 기분 좋게 받았다.

원고는 약속한 날까지 이상 없이 제출했는데 사진에 문제가 있었다. 인터뷰 대상자 중 한 사람이 의정부에 살았다. 시간관계상 전화인터뷰를 하고 사진을 받기로 했는데 펑크가 난 것이었다. 물론 프리랜서로서 말끔하게 마무리짓지 못한 것에 죄책감을 갖고 있었지만 김 부장님의 말투는 아주 냉정했고 인정 같은 건 조금도 찾아

볼 수 없을 만큼 차가웠다. 정말이지 살얼음 판을 걷는 기분이었다.

더 큰 문제는 이튿날이 휴일인데다 거리가 너무 멀기 때문에 나는 이틀 후 오전까지 사진을 마무리지을 생각이었다. 상대는 절대 그럴 수 없다는 것이었다. 일 주일 정도 여러 곳의 원고 마감에 지쳐 있던터라 조금이라도 쉬고 싶은 마음이 간절했던 터였다.

하지만 어쩌겠는가? 프리랜서가 자기 입장을 우선시하려면 일 안하는 방법 밖에 없는데 그럴 수도 없는데다 한번 이미지가 흐려지면 지속적으로 일을 받는다는 것은 불가능한 일.

하는 수 없이 인터뷰 상대에게 입장을 설명하고 휴일 아침 일찍 의정부 전철역까지 달려가 사진을 받아왔다. 사진을 구해 잡지사로 달려간 나는 조금은 실망스럽기도 했다. 당장 사진 없으면 책 못나올 것처럼 하던 부장은 오후 두 시가 됐는데도 출근하지 않은 상태가 아닌가? 잡지사를 나오면서 나는 속으로 부장님을 욕했다. 과연 내가 그때 한 욕은 정당한 것일까?

그후 일거리가 많아서 후배들에게 나누어 주고는 원고마감이 제 때에 이루어지지 않아 속이 상해서 나무란 적이 있다. 그제서야 부장님의 프로정신을 읽을 수 있었고 나에게 프리랜서는 약속한 시간까지 철저하게 일을 마감시켜야 하는 것이 당연하다는 것을 일깨워주었다.

프리랜서를 시작한 지 5개월 정도 되었을 때의 일이니 아무래도 그때 나는 매사에 완벽하지 못했던 초보였던 것이다. 나의 힘든 상황을 상대가 이해해 주겠거니 하고 은근히 동정과 이해를 구한 것이다. 하지만 프로의 세계에서 그것은 결코 아니 될 일이다. 프로는 능력과 약속 이행으로서 승부한다.

영어, 프리랜서를 못 당한다

역시 프리랜서는 뭐든지 자신감을 갖고 임하는 게 좋은 결과를 얻을 수 있다는 것을
새삼 느꼈다.

1990년대만 해도 내가 외국을 다녀
온 것은 직장생활시절 회사에서의 일본 동경 출장과 중국 북경으
로의 신혼여행이 전부였다. 하지만 프리랜서로 경력이 늘어나면서
2000년도부터는 1년에 두 번씩을 꼭 해외 출장을 떠난다.

단행본 내용을 취재하기 위해서나 잡지에 기고할 원고 취재를
위해서 떠나는 편이지만 외국 땅에서 카메라를 들고 뛰어다니기도
하고 현지인들과 인터뷰를 나누는 시간 자체가 내게는 일 이상의
더 큰 즐거움을 준다. 이 때문에 해외출장은 큰 목적이 없을 때도
일단 떠난 후 그곳에서 일을 만들어 오기도 한다.

사실 프리랜로서는 모든 경비를 자신이 책임지고 가야 하기 때
문에 생각처럼 쉽질 않다. 이 때문에 1998년도에는 모 대중문화지
가 창간될 무렵 해외 취재 아이디어를 기획했는데 그쪽 편집진의
마인드가 나와 똑같았는지 며칠 전 취재를 떠났다고 연락이 와서
한 발 늦었던 것에 아쉬움을 갖기도 했다.

국내에서의 취재로만 만족할 수 없는 '발발이'인 나로서는 호시탐탐 해외 취재만을 노리던 중 한 번은 좋은 기회가 왔다. 2000년도 였다. 잡지사 3개사의 일을 미리 맡아서 경비의 70%는 지원받고 떠나게 된 것이다. 게다가 당시 비상근 편집장으로 일하는 '잡투데이' 회사에서 항공권까지 받았으니 너무도 기분 좋은 취재 여행이었다.

늘 그렇듯이 영어에 능숙하지는 못하지만 단어는 조금 알고 있으니 별 문제될 것 없다고 생각하고 과감하게 김포공항에서 일본 나리따로 날아갔다.

몇 년 전 가본 곳이니 크게 어려울 게 없다고 생각했는데 막상 신주꾸 역에 내리니 일본의 최대 서점인 기노꾸니아 서점을 찾아가는 길이 감이 잡히질 않았다. 하는 수 없이 20대 초반쯤 되어보이는 청년 두 명에게 다가가 말을 건넸다.

"Excuse me. I'm a reporter of magazine. Where is the 기노꾸니아 bookcenter?"

그야말로 초등학생 영어였다. 그런데도 말투가 너무 당당해 보였는지 두 청년 기가 죽었는지 말을 더듬거렸다. 그러더니 둘이서 몇 마디 나누고서는 무언가 결정한 듯 자신들과 함께 가자는 것이었다. 아마 체격이 스모선수처럼 컸으면 안 따라갔을 텐데 너무도 착해 보여 서점까지 안내해 주려는 것으로 믿고 따라갔다.

함께 걸어가면서 우리는 서로 짧은 영어지만 나이, 직업, 고향 뭐 그런 것들에 대해서 20여 분 정도는 대화를 나누었고 명함도 건넸다.

참으로 친절한 젊은 친구들이라는 좋은 감정을 갖고 한국담배

디스 한 개비씩 선물삼아 나눠 피우곤 서점 앞에서 그들과 나는 헤어졌다. 그런데 이게 웬일.

한국에 도착하고 하루가 지났는데 그중 한 청년으로부터 메일이 날라왔다. 자신이 영어를 잘 했더라면 나에게 많은 도움을 줄 수 있었을 텐데 그것이 아쉽다고 했다. 더욱 놀라운 사실은 내가 영어를 무척 잘해서 부러웠다는 것이 아닌가? 하지만 그의 영작실력이 나보다 한 수 위였던 것이었다.

한편으로 부끄럽기도 하고 또 고맙기도 하면서 나는 웃었다. 그리고 생각했다.

'못하는 영어지만 자신있게 했더니 이렇게 좋은 일이 있을 줄이야.'

역시 프리랜서는 뭐든지 자신감을 갖고 임하는 게 좋은 결과를 얻을 수 있다는 것을 새삼 느꼈다. 해외취재시 늘 그렇듯이 나는 짧은 영어 실력을 최대한 활용한다. 입으로 안 되면 써서 보여주고 그것도 부족하면 바디랭귀지(body language)로.

기다려라, 그러면 열릴 것이다

살다보면 궂은 일은 불길한 예감을 뒤따라서 오지만 좋은 일은 늘 소리없이 어느샌가
곁에 다가왔던 것 같다.

어떤 일이든 급하게 서두른다고
해서 잘 되는 것은 아니다. 때로는 마음을 너무 급하게 먹고 행동한
나머지 화를 부르는 경우도 있다.

언젠가 '나는 이젠 풀려야 되는데 수입도 그저 그렇고 잘되는 일
이 없어요' 라고 푸념처럼 늘어놓자 칠순의 어머님이 말씀하셨다.

'모든 건 다 때가 있는 법이다. 급하게 서두르기만 한다고 해서
되는 건 아니다. 사람은 그저 묵묵히 자기 일 열심히 하다보면 좋은
기회가 오게 돼 있다' 라고.

지금 생각해 보니 그 말씀이 맞는 것 같다. 올해로 기자 경력 14
년 차인 내가 그나마 '뭔가 좀 되는 것 같다' 라는 생각이 들었던 것
은 지난 1998년부터였다. 그러니까 경력 8년 차가 되어서다. 그해
엔 직접 단행본을 출간하게 되었고 유명인사의 책을 리라이팅하는
기회도 생겼다. 그리고 이듬해에는 대학원 논문을 마쳤고 한해 동
안 굵직한 대필, 리라이팅 건만도 3건이나 있었다. 이어서 또 그다

음 해에는 전문교육기관에서 대학졸업 후 잡지기자가 되고자하는 교육생들 앞에서 강의를 할 수 있는 기회도 주어졌고 한 구인구직 웹사이트의 비상근 편집장(프리랜서)으로 일할 수 있는 기회도 다가왔다. 1년 간은 매주마다 케이블 TV인 K-TV 고정 프로그램의 패널리스트로 출연하기도 했다.

누군가 '물 만난 고기'라면서 추켜세워 주기도 했지만 나는 그 당시의 활동이나 인정만으로 만족할 수는 없었다. 프리랜서 박창수에겐 더 큰 내일이 기다리고 있다고 나는 믿었다. 그러나 예나 지금이나 내일(?)을 위해서 서두르지 않으려고 한다. 다만 최선의 노력을 기울일 뿐이다.

살다보면 궂은 일은 불길한 예감을 뒤따라서 오지만 좋은 일은 늘 소리없이 어느샌가 곁에 다가왔던 것 같다.

젊은이들이여! 서두르기보다는 먼저 자신의 일에 최선을 다하라. 프리랜서가 되고자하는 사람은 더더욱 서두르지 말고 노력을 먼저 기울여야 한다.

거래처 관리는 프리랜서의 생명력 – 하나
얼굴 볼 수 없으면 전화라도 해라

'변화'가 때로는 새로운 자극이 되기도 하고 더 나은 효과를 창출하며 시대흐름에 따라 변화가 필수적인 부분도 많기 때문이다.

우리 나라 사람들은 대체적으로
새로운 사람, 새로운 문화를 받아들이는 데 익숙치가 않다. 때문에
오랫동안 거래하던 거래처를 하루 아침에 바꾸는 일은 드물다.

프리랜서와 손잡고 일하는 기업이나 개인 역시 한번 인연을 맺
으면 1년이고 3년이고 관계는 지속된다. 과거에는 능력있는 프리
랜서도 적었던데다 특유의 '정'이 한몫 했다. 일이 있을 때마다 계
약은 새롭게 하지만 사람은 쉽게 바꾸지 않는 편이었다.

그러나 최근 들어서는 달라지고 있다. '변화'가 때로는 새로운
자극이 되기도 하고 더 나은 효과를 창출하며 시대흐름에 따라 변
화가 필수적인 부분도 많기 때문이다.

프리랜서라고 예외일 수는 없다. 능력에 비해 많은 보수를 원한
다거나 일 처리가 깨끗하지 못할 경우 굳이 손해나 짜증을 감수하
면서까지 기존의 프리랜서를 이용하려 하진 않는다. 과거와는 달
리 2000년대 한국은 고(高) 실업시대이고 프리랜서 수는 증가하

고 있으니 인터넷 구인란에 한 줄만 올려놓으면 마음에 드는 프리랜서 찾는 게 그다지 어려운 일만도 아니다. 이 때문에 몇 년 전까지만 해도 능력 있는 프리랜서들은 시쳇말로 '배짱 장사'를 했다. 고객서비스라든가 거래처 관리의 개념은 매우 희박했다.

그러나 지금은 그런 것이 통하지 않는다. 고객을 놓치지 않으려면 고객관리를 해야 한다. 언제 새로운 프리랜서가 자신의 일거리를 빼앗아갈지 모를 일이다. 특히 거래처 관리가 프리랜서에게 중요한 이유는 프리랜서의 직업적 특성에 있다. 장기계약에 의한 일이라면 이런 걱정이 덜하겠지만 프리랜서의 일은 단기성인데다 거래처로부터의 의뢰건 발생 빈도수를 감히 예측하기 어렵다.

수시로 전화를 걸어 안부를 전하고 일거리를 부탁해놓는 것이 프리랜서의 필수 업무 중 하나다. 물론 시간 여유가 있을 때는 직접 찾아가서 차 한 잔 나누며 사는 얘기라도 나누고 오면 더욱 좋다.

안부를 묻는 전화 한 통화지만 그 속엔 '프리랜서 ○○○는 늘 당신들의 일을 맡아서 처리할 준비가 되어 있으니 언제든지 명령만 내려 달라'는 의미가 동시에 전달되기 때문이다. 한동안 거래관계가 없었다고 해서 연락 끊고 지낸다면 그것은 곧 이름만 그럴 듯한 '백수 프리랜서'로 가는 지름길이다.

한동안 연락이 없었던 거래처로 전화를 걸어보자. 밝은 목소리로 정중하게.

"안녕하세요. 프리랜서 ○○○입니다."

"늘 바쁘시죠. 명절은 잘 보내셨구요. 자주 연락 못 드려서 안부나 여쭤보려고 전화드렸습니다."

"네, 건강하시고요. 다음에 또 연락드리겠습니다. 안녕히 계십시오."

거래처 관리는 프리랜서의 생명력 – 둘
인간미를 풍겨라

프리랜서는 프로다. 프로는 일만 프로가 아니라 대인관계에서도 프로여야만이 살아
남을 수 있다.

어느 날 갑자기 생각지도 않았던 일을
하게 될 때가 있다. 주변 사람들의 입소문을 통해 새로운 일거리가
창출된 것이다. 모든 프리랜서들의 경우 이럴 때 매우 기분 좋고 힘
이 생길 것이다. 누군가가 나의 능력과 인간성을 믿어주고 또 다른
사람을 추천해 주었다는 것은 새로운 수익을 얻는다는 것 이전에
능력에 대한 인정이다.

잘 아는 출판사 사장으로부터 교정·교열 프리랜서를 추천해달
라는 부탁을 받고 평소 잘 알던 후배에게 일을 연결시켜준 적이 있
다. 한 달이 지났을까? 출판사에서 전화가 왔다. 마침 사람을 소개
시켜준 것이 생각나 일은 잘 끝났느냐고 물었는데 대답은 의외였다.

"박선생 얼굴도 있고 해서 조금 능력이 딸리는 친구였지만 일은
그런 대로 마감을 했고 결제도 이상 없이 해주었지요. 그런데 그 사
람 젊은 친구가 너무 멋(?)이 없더군요. 그렇게 큰 일거리를 받아
끝내면서 일한 것은 물론이고 결제 부탁까지도 메일로 보내고 전

화 한 통화 없어요. 얼굴이 어떻게 생겼는지도 모를 정도니 요즘 젊은 사람들 정말 삭막해요."

적어도 일은 잘 못하더라도 예의 바르고 사람은 좋더라는 얘기 정도는 듣고 싶었는데 그게 아닌 것이다. 게다가 일거리를 연결시켜 주었으면 나에게 전화 한 통화라도 해서 "고맙다"는 말 한 마디는 했어야 됐는데 이건 아무리 생각해도 괘씸하기 짝이 없었다.

곧장 후배에게로 전화를 걸었다. 다혈질인 나로서는 도저히 참을 수 없는 일이었다.

"야. 임마. 너 프리랜서 맞아? 일 한두 번 하고 말 거야. 일거리 연결시켜 주었으면 술 한 잔은 못살지언정 적어도 내 얼굴에 먹칠은 하지 말아야 되잖아. 그 따위 식으로 일해 봐라. 네가 언제까지 프리랜서로 일을 할 수 있을지 걱정스럽다. 200만 원이면 적은 돈도 아닌데 어떻게 얼굴 한 번도 안 비치고 결제를 받나?"

그날 저녁 후배는 내 사무실로 찾아와서 못 먹는 소주 두 병을 마시며 무려 세 시간 동안이나 잔소리와 욕을 듣고 갔다.

프리랜서는 프로다. 프로는 일만 프로가 아니라 대인관계에서도 프로여야만이 살아남을 수 있다. 아무리 일을 잘 할지라도 인간성이 나쁘고 인간의 도리를 무시하는 사람, 다시 말해 사람냄새가 나지 않는 사람은 프리랜서로 살아남기 힘들다.

직장내에서도 마찬가지다. 신입사원이 일은 조금 못하더라도 하고자하는 의욕이 크고 사람됨됨이가 괜찮으면 오히려 능력은 뛰어나나 성격 나쁘고 인내력 없는 사원보다 경영진이나 간부들로부터 더 사랑 받는다. 그래서 신입사원 모집공고엔 '성실한 자' 라는 말이 따라 붙고 면접시 인성테스트를 하는 것이다.

거래처 관리는 프리랜서의 생명력 – 셋
선물은 작더라도 정성이 중요하다

종종 거래처를 방문할 때 작은 화분이나 음료수를 들고 가는 것을 잊지 않는다. 단 돈 만원으로도 나와 거래처 담당자가 함께 웃으며 즐거울 수 있으니까.

"박창수 씨, 지난번 음료수 놓고 가신 거 정말 맛있게 잘 먹었습니다. 진작에 전화한다는 게 깜박 했네요."

"아 그러세요. 사람만 보내시면 제가 알아서 챙겨 드릴께요. 걱정 마세요. 네. 네."

무슨 얘기냐구요?

현재 일하는 잡지들의 경우 보통 5~6년씩 인연을 맺어온 곳들이 이제는 고정 지면에 원고를 기고하고 있다. 물론 앉아서 쓰는 글은 아니고 내 주특기인 발로 뛰어서 쓰는 글이다. 그러나 프리랜서 기자가 고정지면을 얻기란 그다지 쉬운 일은 아니며 지속적으로 원고를 만들어내는 일도 쉽진 않다. 때로는 아이템 때문에 고민하다가 원고가 늦어지는 일도 있고 기사에 함께 편집되는 사진이 좋지 않아서 죄스런 마음을 가질 때도 있다. 그럴 때마다 내 원고를 관리하는 담당기자에게 미안함을 전하거나 다음부터는 이상 없도록 노력하겠다고 약속을 해두기도 한다. 비록 일이 주된 목적이긴 하지만 사람과 사람 사이엔 신뢰감이 무엇보다도 중요하기 때문이다.

가끔씩 사람들은 그 신뢰감을 돈으로 만들려고 하거나 아니면 아예 무시하는 경향이 있다. 예를 들면 더 많은 돈을 벌기 위해 소위 '아부'라는 것을 돈으로 하는 이들이 있는가하면 '일 외에는 다른 무슨 조건이 필요한가? 나는 내 일만 해주면 그것으로 끝이다'라는 식의 태도를 취하는 것이다.

과연 그럴까? 전자에게는 '비리의 온상'이라는 아주 큰 문제가 있으며 후자에게는 내가 소중하게 생각하는 '사람냄새'가 없는 듯하다.

사람이 살아가는 데는 직업과 학력과는 무관하게 사람의 기본적인 도리라는 것이 있다. 나는 이 '도리(道理)'라는 것을 종종 내 방식대로 표현한다. 그것이 바로 '사람냄새'라는 것이다.

일하던 첫 해였다. 연말을 보내면서 1년 동안 한달에 두세 번씩 전화 통화도 하고 만나기도 하는 거래처 직원에게 작은 마음의 선물이라도 하고 싶었는데 연하장 하나 보내지 못해 나 스스로 좀 그랬다.

'이게 아닌데', '이건 사람냄새 나는 삶이 아닌데'

한번은 평소에는 퀵서비스를 통해 보내주던 사진을 직접 갖고 찾아갔다. 그때 집에서 나오는 길에 제과점에 들러서 생과자 두 봉지를 샀다. 하나는 동료직원들 그리고 하나는 담당자에게 주기 위해서였다. 지하철을 무려 1시간 30분 넘게 타고 가다보니 생과자 봉지는 옆이 찌그러지기도 하고 작은 상자 안의 생과자들은 이리저리 부딪치며 적잖게 부서졌을 것 같다.

하지만 상대는 진심으로 잘 먹었다는 말을 내게 했다. 한끼 밥값 정도밖에 안 되는 적은 돈으로 우리는 좀더 서로의 마음속으로 가까이 다가서고 있다는 느낌을 받았다.

총각시절 한동안 친구나 선후배들의 아들 돌 잔치에 가더라도 반지를 사거나 돈 봉투를 건네주지 않는 나는 친구들에게 '도서상품권'으로 통했다. 작지만 내 마음을 전하는 선물 그것은 서로에게 부담이 없어서 좋고 서로의 가슴에 '사람냄새'를 심어주는 것이 아닐까 싶다. 일로서 만난 관계라고 해서 늘 비즈니스적인 입장만 취할 일은 아니라는 것이다.

이때문일까. 나는 종종 거래처를 방문할 때 작은 화분이나 음료수를 들고 가는 것을 잊지 않는다. 단 돈 만원으로도 나와 거래처 담당자가 함께 웃으며 즐거울 수 있으니까.

프리랜서 주가엔 상한선이 없다

기사에 있어서 프리랜서의 능력을 평가하는 것은 잡지사 편집장이나 의뢰인이 아니라 독자들이다. 그만큼 스스로 좋은 기사를 쓰면 그에 따른 대가는 당당히 받아야 한다.

처음 몇 년 간은 한 꼭지 10만 원짜리 기사이든 30만 원짜리 카피든 좀처럼 돈에 신경쓰지 않았다. 첫째 일은 많으면 많을수록 좋다는 생각에서였고 둘째는 '아직은 아니다'는 생각을 했기 때문이다. 취재기자 경력 6년이 넘어 프리랜서를 시작했지만 프리랜서로서의 경력은 시작에 불과했다.

가끔씩은 주변 사람들로부터 '왜 그렇게 싼값에 글을 파느냐'는 핀잔을 여러 번 들었다. 그러나 나는 그런 말에 개의치 않았다. 물론 나를 걱정해 주는 좋은 사람들의 애정의 표현이었기 때문에 '앞으로는 신경 쓰겠다'고 말하긴 했지만 쉽게 마음을 바꾸진 않았다.

언제가 한번은 한 유통회사의 보도자료와 기업홍보문안을 작성해 주었고 일한 후에도 수금에 신경을 쓰지 않았다. 처음부터 비용을 책정하고 일을 계약한 것이 아니고 회사측 담당자가 도와달라는 입장이었기에 약속대로 일을 해주었다. 작업비용쯤이야 워낙 단단한 회사인데다 '알아서 해주겠지' 하는 믿는 마음 때문이었을 거다.

6개월 정도 지났을까? 어느 날 전화가 걸려왔다. 회사측 총무차장이 만나자는 것이었다.

무슨 일일까?

원고료 장당 4천 원 받던 시절 만 원 정도로 계산을 해주었다. 게다가 새로운 일거리까지 받게 되었다. 그야말로 곱 장사를 한 셈이 되어버렸다. 거기엔 그만한 이유가 있긴 했다. 홍보문 작성해 준 것이 정부관련 기업평가 대회에서 수상을 한 것. 큰 수익도 수익이지만 나로 인해 기업도 좋은 성과를 얻었으니 뿌듯함까지 생겼다.

그러나 이젠 다르다. 어떤 잡지사이든 그 누구의 일이든 가격은 내가 결정한다. 가끔씩은 상대가 부담스러워할 때도 있지만 경력만 내세워 거품을 담은 그런 가격은 아니기 때문에 나는 떳떳하게 말한다.

기사에 있어서 프리랜서의 능력을 평가하는 것은 잡지사 편집장이나 의뢰인이 아니라 독자들이다. 그만큼 스스로 좋은 기사를 쓰면 그에 따른 대가는 당당히 받아야 한다.

그러고보면 프리랜서의 원고료나 몸값엔 정해진 한계가 없는 셈이다. 그 뒤엔 '능력'이라는 담보가 반드시 필요하겠지만.

고객만족 경영 시대

프리랜서, 이젠 자유로움의 대명사가 아닌 '고객만족 시대'의 프로패셔널리스트로 거듭나야 한다.

가끔씩 전화를 받을 때면 친구 녀석들이 놀리기도 한다.

"저는 프리랜서 김기만입니다."

내가 전화 받는 스타일을 흉내내는 것이다.

내 이름은 '박창수'이고 내 직업은 프리랜서다. 그렇다면 당연히 나의 브랜드 네임은 '박창수'라는 이름 석 자가 된다. 이 때문에 나는 휴대폰이건 집 전화 건 벨이 울려 수화기를 집어들면 "네, 박창수입니다"라고 먼저 말한다.

프리랜서 초창기 형제들이나 부모님이 전화를 주셨을 때 그리고 친구들이 전화를 걸어왔을 때 적잖게 쑥스럽기도 했지만 지금은 전혀 그렇지 않다. 내가 누구라는 것을 밝히는 그 자체가 스스로를 당당하고 자신 있게 만들어주며 누가 어떤 일을 의뢰하든 잘 할 수 있다는 생각이 앞서게 한다.

우리가 기업에 전화를 걸었을 때 과거에는 은행이나 대기업이 아니면 그다지 친절한 목소리로 자신의 소속과 이름 석 자를 밝히는 사람들이 많지 않았다. 그러나 이젠 고객만족과 기업이미지 홍보에 주력하지 않으면 살아남을 수가 없게 됐다. 최선을 다한다는 이미지, 신뢰감이 생성되는 이미지 그것은 곧 기업의 생명이 된 것이다.

프리랜서라고 다를까?

프리랜서는 기업을 대상으로 직접 일거리를 찾아서 일을 해주고 정당한 대가를 받는다. 자신의 돈을 들여서 일을 추진해야 하고 문제가 발생하면 좋든 싫든 알아서 처리해야 한다. 세금정산도 해야 되고 자신을 알리는 홍보도 게을리하지 말아야 한다. 단지 혼자서 일을 한다는 것뿐이지 형태는 기업이나 다름없는 셈이다.

거래처 담당자의 전화를 받았을 때 아침 열 시가 넘었는데도 잠에서 헤매는 목소리로 "네, 어, 누구세요"라는 식으로 전화를 받는다면 상대의 기분이 좋을 리 없고 신뢰성도 그만큼 떨어질 것이다.

프리랜서만큼 자기관리에 완벽해야 하는 사람은 없다. 단순히 혼자서 대충 벌어먹고 사는 사람이니 일하고 싶을 때 하고 놀고 싶을 땐 마냥 무관심으로 일관한다면 거래처와의 결별은 한순간에 나타나고 만다.

프리랜서, 이젠 자유로움의 대명사가 아닌 '고객만족 시대'의 프로패셔널리스트로 거듭나야 한다.

돈이 전부는 아니다

작은 도움일지라도 내가 주는 도움이 그들의 구만리 같은 앞날에 자양분이 된다면 그걸 마다할 내가 아니다. 돈이 내 삶의 전부는 아니니까.

세상에서 돈 싫어하는 사람이 있을까?

현대사회에서 인간이 살아가는데 돈을 무시할 수는 없다. 원시 농경사회에서 모든 것을 자급자족하며 질병이나 기타 재해를 운명처럼 받아들이며 살았던 것처럼 산다면이야 돈의 가치란 한줌의 흙보다도 못한 것이겠지만 내일 당장 노환으로 죽음을 맞이하는 사람에게도 수의(壽衣)를 입는데 필요한 최소한의 돈은 있어야 할 것이다.

프리랜서의 삶도 돈과는 끊을래야 끊을 수 없는 관계에 놓여 있다. 나 역시도 내가 원하는 세계문화탐험을 하기 위해서라도 돈은 필요하다. 그러나 한 가지 중요한 것은 '돈의 노예가 되어서는 안 된다'는 것이다.

'개같이 벌어 정승같이 쓰라'는 말이 있다. 많이 버는 것도 중요하지만 돈은 쓰기를 잘 해야 한다는 말이다. 그렇다고 반드시 돈을 써야만 세상을 아름답게 인간답게 사는 것은 아닐 것이다.

몇 년 전이었다. 한동안 S대학의 학보에 원고를 기고한 적이 있다.

취업과 관련하여 시리즈 기사를 총 8회에 걸쳐 원고를 쓴 것으로 기억된다. 두 번째 원고를 작성할 즈음 학보사 담당 기자로부터 전화가 걸려왔다. 대학 3학년의 순수한 이 여학생은 "기자님, 원고료를 아직 못 입금시켰습니다. 학보사에 배정되는 2학기 자금이 아직 결정되지 않아서요. 너무 죄송합니다"라며 두 번째 원고를 보내달라는 말에 기가 죽어 있었다.

물론 처음부터 큰 돈 벌 생각으로 원고를 쓴 것도 아니거니와 설령 그 같은 사정이 아닌데도 잊고서 원고료를 안 보냈을지라도 나는 그 원고료에 별 생각이 없는 게 사실이다. 조금은 거창한 말일지도 모르지만 이제 막 사회로 진출하는 젊은이들에게 취업을 위해 필요한 그리고 알아야 할 것들에 대해 알려주는 일은 그 무엇보다도 값진 일이라고 생각했으며 그러한 까닭에 원고료에 대해서는 일찌감치 마음을 비우고(?) 있었기 때문이다.

물론 하루하루를 버티기가 힘들 만큼 어려운 상황이라면 그 같은 생각은 못했겠지만 당시 상황이 그렇게 어렵지는 않기 때문이다. 또 그보다도 더 중요한 것은 내 인생의 후배, 그리고 젊은 그들에게 무언가를 줄 수 있다는 것 하나만으로도 즐겁고 행복하다.

언젠가 나는 그런 생각을 했던 기억이 난다. 또 그 때문에 유사한 일을 하기도 했다. 바로 문장력을 필요로 하는 학생들을 대상으로 논술과외를 했다. 대입시험을 앞둔 수능 준비생들에겐 고액의 과외비도 받을 수 있다는 얘기를 들었지만 단 한 번도 그런 고액의 과외비를 받은 적은 없다. 입사시험을 앞둔 대졸자들이나 중고생 국어·작문을 가르치며 대학원 학비를 일부 충당했던 적은 있다. 지금도 누군가 정당한 대가를 지불하고 배우겠다는 사람이 있으면 무조건 마다하지는 않을 일이다. 열심히 일해서 돈 버는 일이니까.

하지만 늘 돈에 빠져 살고 싶은 마음은 없다. 정말 글 쓰는 게 좋아서 글 쓰는 방법을 배우고 싶은데 경제적으로 뒷받침이 안 되는 학생들 또는 대입시험을 앞두고 있는데 논술학원 다닐 여유가 없어 힘든 고3생이 있다면 얼마든지 보수 없이 그들에게 도움을 주고 싶다. 시간이 허락되는 한도에서는.

작은 도움일지라도 내가 주는 도움이 그들의 구만리 같은 앞날에 자양분이 된다면 그걸 마다할 내가 아니다. 돈이 내 삶의 전부는 아니니까.

완전한 자유를 찾아나서라

자유에 빠져드는 순간 나는 그저 한 사람으로서의 나일 뿐이다.

기차가 속력을 다해 달리다가 멈추면 바람 빠지는 큰 숨소리를 낸다. 화물열차만이 아니라 전철도 종착역에 도착하면 깊은 한숨을 쏘아내는 양, 푸~이 소리를 낸다.

사람들은 기차를 타고 인생을 생각한다지만 프리랜서는 기차처럼 달리면서 일을 하고 그 속에 빠져야 한다. 일주일이고 한 달이고 맡은 일이 있으면 마감할 때까지 잠시도 쉴 틈이 없다. 단행본 리라이팅이나 대필과 같은 장문의 원고를 맡았을 때는 짬을 내서 술 한 잔을 마셔도 술을 마셨다는 기분이 들지 않는다. 아직 남은 일에 대한 부담 때문에 완전하게 풀어지질 못한다.

배우가 마지막 공연을 끝내고 쫑 파티 할 때 반은 미쳐서 술을 마시고 모든 무게를 다 내려놓고 싶어한다. 나 역시 큰 일거리 하나 마감하게 되면 그날은 무엇으로부터도 구속받고 싶지 않다. 완전히 자유롭다. 가족들에게는 미안한 얘기지만 적어도 24시간 아니 48시간 정도는 나 혼자여야 좋다. 그래서 가끔 휴대폰 전원을 꺼놓

132

고 잠시 잠적해버리곤 한다. 그렇지 않으면 다음 일을 못할 것만 같고 그 순간을 참아내기 힘들 정도로 갑갑함 속에서 남아 있게 된다.

큰 일이 하나 끝났는데 곧장 거래처에서 일을 주문했을 때가 있다. 이럴 때는 약속시간을 조금 넉넉히 잡아두고 나는 컴퓨터에서 시스템 종료를 누르곤 한다. 멀리 떠날 수는 없지만 적어도 그날 하루만이라도 할 일 없어 빈둥대는 '놈팽이'가 되어서 여기 저기 전화도 걸고 술도 한 잔 마신 후 찬바람 이는 거리를 혼자서 목적지 없이 걸어보기도 한다. 기차가 한숨을 쉬듯이 나도 잠시 내 일상의 무게를 털어 버리느라 깊숙이 들어 마신 담배연기를 뿜어댄다.

후배들에게 자주하는 말이 있다.

"어디서 무엇을 하든지 그 순간만은 미쳐라. 술을 마실 때는 그 분위기와 술에 빠지고 일할 때는 그 일 하나에만 미쳐야 한다. 섹스를 할 때 역시 의무감이나 자기 욕구 분출이 아닌 진정한 애정에 열정을 더해 그 순간 만큼은 가장 열정적으로 섹스에만 빠져드는 것이 상대를 진정으로 사랑하는 일인 것처럼 일할때는 일에 미치고 쉴 때는 완전한 자유를 느껴야 한다."

결과는 그 다음의 얘기다. 지금 어느 하나에 몰두하는 것은 그 행위에서의 희열을 맛보게 하며 프로근성을 키워주기 때문이다.

한달에 한두 번씩 나는 모든 일상의 잡념과 걱정들로부터 차단막을 설치하고 나만의 자유를 찾아 나선다. 서른아홉 살의 작가, 대학강사, 취재기자, 아빠, 남편. 그런 것은 적어도 컴퓨터가 켜진 내 방의 책상으로 돌아올 때까지 나로부터 잊혀질 것이다.

자유에 빠져드는 순간 나는 그저 한 사람으로서의 나일 뿐이다.

내 몸에 꼭 맞는 프리직업 48

옛말에 '한 가지 재주는 다 갖고 태어난다'는 말이 있다.
사람들은 저마다 가장 잘 할 수 있는 특별한 재주 한 가지씩은 갖고 있기 마련이다.
하지만 입시 위주의 빗나간 교육문화로 인해 대학을 졸업해도
자신이 잘 할 수 있는 일이 무엇인지조차 모르는 이들이 한둘이 아니다.
세상은 열 가지 재주를 가진 아마추어보다는 한 가지 재주가 뛰어난 프로를 원한다.
평생 직업을 선택할 때 가장 먼저 맞춰보아야 할 것은 직업과 적성의 궁합이다.
내 몸에 꼭 맞는 직업은 내가 지닌 적성과 잠재적 능력이 일치되는 직업.
여기는 꼼꼼한 계산과 분석보다는 평소의 '나는 어떤 사람인가'를 생각하는 것이
가장 간단하고도 정확한 직업찾기가 될 것이다.
나에게 연봉 7천만 원의 행운을 안겨줄 일은 어떤 것일까?

3

Computer | 컴퓨터가 밥보다 좋다
웹 PD, 프로그래머, 웹마스터, 게임기획자, A/S 전문가

Planning | 기획력이 뛰어나다
방송프로듀서, 출판기획자, 웨딩매니저, 전시 프로젝트 매니저, 관광기획자, 공연 기획자, 이미지 컨설턴트

Health | 튀는 외모 & 건강미를 지녔다.
보디디자이너, 생활체육지도사, 연극배우, 나레이터모델, 피부관리사, 경호원

Writer | 글 쓰기를 좋아한다
테크니컬라이터, 자유기고가, 네이미스트, 게임 시나리오 작가, 카피라이터, 구성작가, 영화 시나리오 작가, 만화 스토리 작가

Say | 말을 청산유수처럼 잘 한다
아나운서, 쇼핑호스트, 레크리에이션 지도자, 숍 매니져, 헤드헌터

Music | 음악에 푹 빠졌다
음악치료사, 사운드 디자이너, 작곡가, 피아노 강사

Design | 디자인 소질이 있다
일러스트레이터, 편집디자이너, 가구디자이너, 컴퓨터그래픽디자이너, 북디자이너

Beauty | 미(美)적 감각이 있다
컬러리스트, 푸드스타일리스트, 플로리스트, 파티플래너, 패션코디네이터

Active | 카메라를 좋아하고 활동적이다
사진기자, VJ(비디오저널리스트), 카메라엔지니어

Computer
컴퓨터가 밥보다 좋다

웹 PD
프로그래머
웹마스터
게임기획자
A/S 전문가

21세기에 접어들면서 정보화 사회로의 급변에 따라 정보통신 기술과 문화를 이끄는 주역인 컴퓨터 관련 직종들이 신종유망직업으로서 젊은층의 관심을 끌고 있다.

성별이나 학력에 대한 제한없이 능력을 우선시하는 이 직종들은 재택업무나 비즈니스로도 적합한 것이 특징이다.

하루 24시간 잠 한 숨 안자고서도 컴퓨터 앞에 앉아 있는 것이 즐거운 사람이라면 더 이상 말이 필요 없다. 즐기면서 일할 수 있는 컴퓨터 관련 직업을 선택하면 된다.

웹PD (*web producer*)
기획 · 제작 · 마케팅 등 전 과정 총괄하는 웹의 조율사

What

　웹프로그래머, 웹디자이너, 콘텐츠 개발자 등의 실무 인력을 조절하고 인터넷 비즈니스 전반에 대한 기획과 마케팅을 관리하는 사람이다. 인터넷 시장을 분석하여 아이템을 정하고, 홈페이지의 기획 · 제작 · 마케팅 등 전 과정을 총괄하는 작업도 한다. 따라서 인터넷 비즈니스의 흐름을 정확하게 파악하고 고객의 요구를 꿰뚫어 볼 수 있는 통찰력이 필요한 직업.

　기술적인 부분을 직접 적용하기보다는 확인된 기술을 어떻게 활용하고 어떤 콘텐츠를 웹 상에서 어떠한 모습으로 보여줄 것인가를 기획하고 결정, 감독해야 한다. 또 제공되는 정보를 계속 갱신함으로써 웹 사이트가 구축 목적에 맞게 발전해 가도록 관리하고 책임을 가진 사람으로 디자인에 대한 안목도 요구된다. 일반적으로 웹 프로듀서만 있는 사이트에서는 기술적인 부분은 외부 인력을 활용하기도 한다.

　다양한 능력을 요구하는 직업인 만큼 웹PD는 컴퓨터 관련 전문직에서 경력을 두루 쌓은 5년 이상의 경력자이어야만 가능한 직업이다. 초기에는 인터넷 방송 분야에만 국한된 직업으로 알려졌지만 최근에는 쇼핑몰 제작 분야에서도 수요가 증가하고 있다.

Who

　2년제 대학 이상 학력자로 컴퓨터의 특성을 잘 알고, 매체를 활용할 수 있는 능력을 갖춘 사람. 신기술이나 새로운 정보에 대응할 수 있는 뛰어난 창의력과 기획력도 필요하며 인터넷 사이트 제작에 참여한 실무경험이 많거나 정보검색사 · 웹마스터 · 전자상거래관리사 · 인터넷정보설계사 등의 자격증이 있으면 유리하다.

Where

교육기관

　교육을 받을 수 있는 곳은 많다. 전문학원, 관련협회, 대학교 부설 교육기관 등의 사설 교육기관에서 교육을 받으면 된다. 웹PD가 하는 일 자체가 회사마다 천차만별이기 때문에 교육기관을 통한 단순한 기술 습득보다는 실무경력을 쌓는 것이 훨씬 더 중요하다.

취업 및 활동무대

　웹사이트 제작회사, 콘텐츠 생산업체, 인터넷 방송국, 쇼핑몰, 전자상거래업체 및 인터넷 관련 업체 등에 취업하여 5년 정도 경력을 쌓아야만 전문가가 된다.

How

- 직장에 다니면서 프리랜서활동을 통해 먼저 거래처를 확보해 두어야 가능하다.
- 고객들에게 지속적인 만족감을 심어주어야 한다. 따라서 홈페이지가 수익성을 창출할 수 있는 공간이 되어야 하며 상품을 기획하여 실제 상품으로 구현, 판매할 수 있는 비즈니스 능력

이 있어야 한다.

- 성급한 네티즌들의 성격을 고려하여 신속한 검색이 가능하도록 기술적인 부분에도 신경을 써야 한다.

연봉

취업처마다 제각각이지만 보통 컴퓨터 관련분야 경력을 충분히 쌓은 후에야 가능하므로 5년 이상 경력자라면 2,800만 원 이상이다.

프로그래머

프로그래밍 작업을 수행하는 사람

What

컴퓨터 프로그램의 논리나 알고리즘을 설계하고 프로그램을 작성하고 테스트하는 사람.

컴퓨터를 이용하여 자료처리를 할 수 있도록 컴퓨터가 인식할 수 있는 컴퓨터 명령어를 논리적 순서에 맞게 모아놓은 것을 프로그램이라고 하며 이 프로그램을 개발하는 작업을 프로그래밍이라고 한다. 프로그래밍 작업을 수행하는 사람이 바로 프로그래머다.

컴퓨터 프로그래머는 그 수행영역에 따라 컴퓨터 시스템의 자체 기능수행 명령체계인 시스템 소프트웨어를 설계하고 프로그램을 작성하는 시스템 프로그래머와 기업이나 개인 등이 사용할 수 있는 워드프로세서, 회계관리, 데이터베이스, 통계처리, 게임 등 각종 소프트웨어를 개발하는 응용 프로그래머로 나눌 수 있다.

지식, 정보의 폭주에 따라, 급증하는 작업량을 효율적으로 수행하기 위한 업무전산화가 추진되면서 고성능 컴퓨터와 다양한 소프트웨어 개발분야에 전문 프로그래머들이 대거 채용될 전망이다.

Who

컴퓨터 프로그래머를 필요로 하는 기업은 전산·공학관련 학과의 대학졸업자를 선호한다. 또한 2년 정도의 실무경험을 갖추고 있는 유경험자를 필요로 한다. 대개는 국가 기술자격법에서 시행하는 정보처리기사 자격증을 소지하고 있으면 취업에 도움이 된다.

Where

교육센터

기술학원, 노동부 지정 훈련기관, 사설학원 등에서 교육을 받을 수 있으며 대학 부설 전자계산원(2년 과정, 동국대, 숭실대, 광운대, 한남대)을 다니는 것도 좋다.

취업 및 활동무대

소프트웨어 개발분야, 전자제품 생산업체의 기술자, 전산사무처리를 위한 시스템 분석 및 설계분야, 프로그램 개발기관 등.

How

- 컴퓨터에 대한 충분한 지식을 바탕으로 프로그램 언어 · 오퍼레이팅 시스템의 명령 · 파일링 시스템의 운용법 · 화면설정 · 기타 작업도구 사용법 등을 많이 알고 있어야 한다.
- 뛰어난 논리력과 추리력을 갖추는 한편 끊임없이 문제점을 해결하고 찾아낼 수 있는 집요한 근성이 있어야 프로가 된다.
- 자신의 적성과 잘 맞는 전문분야를 선정하여 집중적으로 파고들면 능력을 특화시키는데 유리하다.

연봉

초임은 1,500만 원 선이며, 경력 3년차 이상되면 2,000만 원 이상 가능하다.

웹마스터 (*Webmaster*)
온라인 세상을 이끄는 마이다스의 손

What

웹서버 구축 및 관리를 통해 보다 나은 웹서비스를 실현하는 등 전반적인 홈페이지 운영에 총책임을 지는 전문인력.

일반적으로 인터넷 전문기관에서는 웹 서버 구축 및 운영에 대한 기술적 책임을 지고 새로운 웹기술을 개발하는 웹엔지니어가 웹마스터의 역할을 수행한다. 일반 기업의 경우 홈페이지 운영과 콘텐츠 선택 및 디자인을 하는 웹프로듀서가 웹마스터의 역할을 수행을 하고 있는 실정이다.

따라서 진정한 웹마스터의 길은 다양한 실무경험을 통해 웹엔지니어와 웹프로듀서의 영역을 총괄할 수 있는 실력을 배양하는 것이어야 한다.

Who

인터넷과 홈페이지 구성에 대한 기술적인 이해는 기본이며 홈페이지 구성에 대한 감각과 마케팅에 대한 지식을 갖춘 사람. 특별한 학력기준은 없으나 수많은 웹문서들이 영어로 되어 있기 때문에 원서를 읽는데 무리가 없으면 능력 발휘가 한결 빠르다.

Where

교육센터

현재 웹마스터 과정이 거의 모든 컴퓨터 학원에 개설되어 있다. 다만 전문적인 웹마스터가 되기 위해서는 단기적인 지식을 습득하는 학원에 의존하기 보다는 학원에서 배운 실기를 오랜 기간 실무 경험을 통해 익히는 것이 무엇보다도 중요하다.

취업 및 활동무대

웹마스터가 취업하는 곳은 사이트의 성격에 따라 크게 네 곳으로 분류된다.

기업 홍보형 사이트 : 홍보실이나 기획팀에서 일하게 되며 대부분의 작업을 아웃소싱해서 처리한다. 외주 업체와의 커뮤니케이션을 통해 작업 내용이 정확하게 나올 수 있도록 기획하고 작업 일정과 결과를 확인하는 것이다.

서비스 제공형 사이트 : 주로 기술적인 부분을 관리하게 된다. 서비스의 안정성을 유지하고 새로운 아이디어를 기획할 수 있어야 한다.

커뮤니티형 사이트 : 회원간의 커뮤니티 활성화를 유도할 수 있도록 다양한 부가서비스를 기획하고 마케팅을 통해서 커뮤니티 활성 방안도 연구해야 한다.

전자상거래형 사이트 : 서비스 보안에 대한 이해 및 기술적인 지원이 필요하다. 제품의 디스플레이와 온라인 프로모션을 담당하며, 고객의 거래 내역에 대한 분석을 통한 사이트 기획을 해야 한다.

How

- 웹에 관한 모든 것을 총체적인 안목으로 관리할 수 있어야 하기 때문에 기획, 디자인, 마케팅, 영업 등에 관한 전반적인 업무 지식을 꿰차고 있어야 하며, 상호 조화를 잘 시켜서 업무수행에 활용을 해야 한다.
- 항상 웹과 관련된 세세한 부분까지 주의 깊게 관심을 가지는 등 자기 계발을 게을리하지 않아야 한다.
- 초기에는 업무량이 많은 사이트의 웹마스터가 되어 다양한 경험 쌓는 게 좋다.

연봉

초임은 보통 1,400만~1,600만 원 선이며 경력 3년차 정도면 2,000만 원 이상이 가능하다. 프리랜서로 몇 개의 업체를 관리해 줄 경우 연봉은 3,000만 원 이상 가능하다.

게임기획자
게임프로그램 전반을 책임지고 진행

What

게임기획자는 PC 게임, 네트워크 게임 등 게임용 소프트웨어 제작을 총괄적으로 감독하고 연출하는 사람이다. 프로그래머, 아티스트, 시나리오 작가 이러한 모든 능력을 소화해내는 만능인이라 할 만하다. 게임용 소프트웨어 제작에서부터 게임 시나리오 작가와의 협의까지 게임프로그램 전반을 책임지고 진행하는 것이 게임기획자의 주업무. 그래서 게임기획자는 균형감각을 가지고 논리적인 사고를 할 수 있어야 한다.

처음부터 게임기획자로 일하기는 어렵다. 프로그래머, 게임 시나리오 작가 등의 게임제작의 한 분야에서 시작하여 경력을 쌓는 과정이 필요하다. 정말로 게임을 좋아한다면, 멋진 게임을 만들어 보고 싶은 정열이 있다면, 한 가지 일에 1~2년의 시간을 쏟을 만한 끈기가 있다면 누구든 도전해 볼 만하다.

Who

기업체에서는 대졸 이상의 학력을 원한다. 하지만 학력이나 전공보다는 기획력이 중요하며 국가공인자격증으로는 한국산업인력관리공단에서 시행하는 게임기획전문가자격증이 있다. 게임제작개론, 게임시나리오분석, 게임디자인, 게임시스템 및 게임실무

146

연출에 대한 내용을 필기와 실기로 나누어 실시한다.

Where

교육센터

특별한 교육센터는 따로 없다. 대학에서 게임 관련 학과를 전공하는 방법이 있다. 또 자체적으로 관련분야에 취업하여 게임에 관심을 갖고 실무경험을 하면서 전문가로 거듭날 수도 있다.

관련기관

동서대학교 게임, 멀티미디어공학과 : http://multi.dongseo.ac.kr
　　(051) 313-2001

극동대학교 게임디지털콘텐츠공학과 : http://www.kdu.ac.kr/
　　(043) 879-3500

주성대학 게임디자인과 : http://game.jsc.ac.kr　(043) 210-8114

취업 및 활동무대

게임제작업체를 비롯해서 애니메이션 제작업체, 소프트웨어 개발 업체, 영화사, 광고 제작 업체, 멀티미디어 콘텐츠 제작 업체, 모바일 게임 기획 등에서 활동할 수 있다.

How

- 게임기획자가 되는 가장 좋은 방법은 게임프로그래머로 경력을 쌓아 기획자로 전직하는 것이다.
- 기획자가 해야 할 가장 중요한 일은 게임을 재미있게 만들기 위해 시나리오, 디자인 등 관련 분야에 대해 꾸준히 공부해야 한다. 정성껏 만든 게임을 잘 팔 수 있도록 마케팅 능력을 기르

는 것도 중요하다.

- 하나의 게임을 개발하는 데는 보통 1~2년의 기간이 걸린다. 이를 이겨낼 수 있을 만큼 게임을 좋아하는 마음가짐이 가장 중요하다.

연봉

2,000만 3,000만 원 정도. 그러나 게임의 판매 실적에 따른 인센티브가 있기 때문에 평균적인 연봉 계산은 무의미하다.

A/S 전문가
고장 수리 및 컴퓨터 관련 다양한 서비스 제공자

What

컴퓨터의 고장 수리는 기본이고 시스템 및 부품 교체, 바이러스 제거, 데이터복구 등 컴퓨터와 관련된 다양한 서비스를 제공하는 전문가를 말한다. 취업할 수도 있지만 직접 사업을 할 수도 있다. 사업시 중고컴퓨터와 조립PC 판매도 겸하게 되며 출장서비스가 업무의 90%를 차지한다. 가정이나 사무실 모든 곳에 컴퓨터 사용이 보편화되어 있는 만큼 서비스를 원하는 고객수요는 무한대다. 컴퓨터 사용인구는 많지만 실질적으로 컴퓨터를 분해 조립하고 문제점을 해결할 수 있을 정도의 능력을 가진 사람은 소수에 불과해 A/S전문인력 수요는 지속적이라고 보아도 좋다.

출장서비스는 재택사업으로 운영하면 창업비용이 거의 들지 않고 운영비 걱정도 없어 매출의 90%가 수입이라 해도 좋을 만큼 수익성이 높은 편. 출장비는 기본 1만 원이며 간단한 A/S는 5천원 또는 1만 원 선이지만 윈도우 설치의 경우 3만~4만 원 선, 서버운용 OS 설치 15만~20만 원 선, 데이터 복구 10만~40만 원 선이다.

Who

취업시 학력, 나이 등의 제한이 있지만 자영업을 할 경우 컴퓨터 관련 다양한 기술과 노하우를 갖추면 되며 학력 연령 제한이 없다.

Where

교육센터

컴퓨터 관련 사설교육기관이나 직업전문학교에서 관련교육을 수강하면 된다. 국비지원 훈련과정의 경우 일반인은 월 10만 원, 직장인은 전액 무료이다.

관련기관

스피드컴 : http://www.speedcom119.com

광주직업전문학교 : http://www.cocoschool.co.kr

취업 및 활동무대

교육을 받은 후 컴퓨터 유통업체나 A/S 관련업체에 취업하여 경력을 쌓은 후 독립하는 것이 가장 빠른 길이다.

How

- 체인점 가맹사업이 있지만 독립형 사업으로 운영하는 게 좋다.
- 365일 언제든지 고객과 전화연결이 자유로워야 하며 시간약속이 생명력이다.
- 출장서비스일 경우 일정 지역내에서 반복적으로 이루어지므로 고객에 대한 친절과 성의있는 서비스자세가 중요하다.
- 고객리스트를 데이터 베이스화하여 고객관리에 만전을 기하는 것이 장기적으로 성공하는 지름길이다.

연봉

사업시 월 200만~300만 원 수입은 충분히 가능하며 조립 PC판매를 겸할 경우 수입은 더 높은 편이다.

Planning
기획력이 뛰어나다

방송프로듀서
출판기획자
웨딩매니저
전시 프로젝트 매니저
관광기획자
공연 기획자
이미지 컨설턴트

사업이든 행사든 중요한 모든 일은 그 성패가 기획에 달려 있다. 기획이 제대로 이루어져야만 구체적인 실행으로 옮겨질 때 문제가 없고 성공적인 결과를 얻을 수 있기 때문이다. 따라서 많은 분야에서 소위 '인재파워'로 통하는 기획전문가들이 일하고 있다.

매사에 충분한 생각과 튀는 아이디어가 돋보이고 치밀하고 꼼꼼하게 일을 처리하는 성격이라면 관심있는 분야의 전문지식을 익힌 후 기획전문가로 활동해 보면 어떨까? 사회가 복잡 다양화되어가고 있는 시대에는 기획력이 뛰어난 인재들의 활동이 더욱 빛을 발한다.

방송프로듀서

프로그램 기획부터 스텝관리까지 총괄 책임

What

PD란 프로듀서와 디렉터를 합쳐 놓은 말이다. 두 가지 업무를 동시에 하고 있지만 앞으로 외주제작비율이 높아지고 있어서 기존 방송은 기획, 예산, 그리고 편성 등과 같은 프로듀싱을 주 업무로 하고 실제 제작 즉, 디렉팅 작업은 대부분 외부 독립프로덕션이 하게 된다.

이 직업은 프로그램 기획, 예산 관리, 캐스팅, 방송작가, 출연자 교섭, 촬영, 편집 그리고 스텝을 총 관리하는 막중한 임무가 있다. 또한 제작상 일어나는 문제는 PD가 책임을 져야 한다.

PD가 되기 위해 방송국에 입사하면 반드시 AD라고 PD가 되기 전 단계를 거치게 된다. AD는 PD의 업무를 보조하고 제작과 관련된 모든 잡무를 처리한다. 이를 거치면 PD가 될 수 는데, 보통 2년 정도 걸리며 드라마의 경우에는 5년 이상도 걸린다.

PD라는 직업은 자유로운 분위기에서 일할 수 있고, 다양한 경험을 할 수 있지만 자신이 진행하는 프로그램에 대한 책임감이 절대적으로 필요하다. 방송의 위력이 점차 커지면서 PD의 입지도 넓어지고 있다.

Who

특별히 자격제한은 없다. 전공 관련 없이 4년제 대학을 졸업한 사람은 누구나 응시할 수 있다. 기획을 위한 창의성과 사교성, 리더십을 갖춘 사람이라면 이 직업에 적격자이다. PD라는 직업이 워낙 인기 직종이기 때문에 공채지원 인원이 증가하고 있어 영어와 상식에 뛰어난 실력을 갖추어야 한다.

Where

교육센터

별도로 PD를 양성하는 곳은 없다. 다만 대학에서 신문방송학과를 전공하는 방법이 있다.

취업 및 활동무대

방송사나 프로덕션에 입사 후 자신에게 맞는 분야를 정해 편성PD, 교양PD, 오락PD, 드라마PD, 뉴스PD, 스포츠PD, 위성방송PD 등의 역할을 하게 된다. 취업처로는 방송3사에서 케이블 방송의 프로그램 공급업체와 지역 민방, 그리고 독립 프로덕션, 앞으로 시행될 위성방송, 심지어는 큰 신문사의 뉴 미디어 사업부 등 이루 헤아릴 수 없을 정도로 많다. 회사 규모나 안정성, 그리고 임금 등을 고려할 때 공중파 방송이 좋기는 하지만 정말 PD의 본질적인 부분에 매력을 갖는다면 여타 케이블TV나 독립 프로덕션에서 시작하는 것도 고려해 볼 만하다.

How

• 많은 자료 수집과 답사가 필요하다. 이리저리 돌아다니며 많

은 사람을 만나고 많은 자료를 살피는 부지런해야 한다.
- 사회를 바라보는 안목을 길러야 한다. 사회 현상에 대한 과학적 분석을 통해 프로그램을 기획할 수 있어야 하며 논리적이고 분석적이며 객관적인 시각을 유지해야 한다.
- 새로운 것에 대한 탐구심과 트랜드를 읽어내는 눈, 외국어 구사능력은 필수적이다.

연봉
방송사별, 제작사별 각각 다름.

출판기획자
단행본 기획부터 마케팅까지 담당

What

　인터넷의 발달에 따른 초고속 정보화시대에도 출판물 시장은 줄어들지 않고 있다. 단행본 시장은 하루 200여 권이 넘는 책들을 매일같이 쏟아놓고 있다. 이 같은 출판시장을 주도하는 단행본들은 시장경쟁이 치열한 만큼 기획과 마케팅이 성공의 관건으로 등장했다. 이에 따라 출판시장의 핵심인력이라고 할 수 있는 출판기획자는 더욱 전문화되고 있는 추세이며 젊은층 특히 여성들에게는 인기직종이다.

　출판기획자는 독자의 요구에 맞는 주제, 내용의 출판물을 기획·제작하는데 관련된 업무를 수행하는 사람이다. 독자가 요구하는 주제를 발굴하기 위하여 다양한 조사와 연구를 하는 한편 필자를 섭외하고 집필된 원고를 검토하며 나아가서는 영업전략 및 광고전략을 수립 시행한다.

　출판사가 주도하는 출판기획의 경우 출판사의 대표나 편집부 직원들이 기획을 담당하거나 따로 기획위원제도를 두고 있지만 일본 출판시장의 흐름을 이어가는 우리 출판시장에서 출판기획자는 파워있는 전문직으로 프리랜서화 되어가고 있다. 사무실에 상근하는 직원들의 경우 아이디어의 한계가 있어 출판시장에서는 오히려 경험을 통해 노하우를 쌓은 아이디어 프리랜서를 원하고 있어 직업

전망은 매우 밝은 편이다. 프리랜서로 성공을 한 후에는 기획전문 회사 창업으로 이어갈 수도 있다.

출판사, 기획전문대행업체에 취업하거나 프리랜서로 활동하고 있는 출판기획인력은 대략 1만 5,000여 명.

Who

특별한 학력이나 자격을 요구하지는 않으나 기획력과 문장력, 외국어실력 그리고 영업, 광고전략까지 관여할 수 있는 마케팅지식과 출판에 관한 해박한 지식이 필요한 만큼 실무경력이 3~4년 이상은 되어야 자유롭게 활동할 수 있다. 초기입문은 출판사에 취업하여 업계 흐름을 파악하는 것이 중요하다. 전문교육기관에서 교육을 받은 후 입사하면 한결 유리하다.

Where

교육센터

대학에 전문학과가 있어 20대라면 먼저 관련학과에 입학하여 배우는 것이 유리하다. 단, 새로운 직업으로 선택하는 기존의 직장인들이라면 사설교육기관의 단기과정 교육 수료 후 취업을 추천받는게 한결 빠르다.

관련기관

중앙저널아카데미 잡지대학 : www.jungang.co.kr

고려기자아카데미 : www.kijaacademy.com

한겨레문화센터 : www.hanter21.co.kr

대학 : 신구대학, 혜전대학, 동원대학, 서일대학 등

취업 및 활동무대

무경력자라면 우선 출판사나 기획사 등에 취업하여 실무경력을 쌓는 것이 급선무다. 경력을 쌓고 나면 활동무대는 넓다.

How

- 현실성과 독자욕구에 기초한 기획능력으로 이는 다년간 축적된 경험과 노하우에서 나오므로 일단 출판사에서 다양한 기획과 경험을 쌓아야 한다. 그리고 3~4년 후에 독립한다.
- 실무경력을 쌓은 후 독립하여 출판사를 개업하거나 몇 개의 출판사와 계약관계를 맺고 프리랜서형 출판기획자로 활동한다.
- 영어, 일어 등 외국어 실력을 쌓으면 돈이 되는 책을 기획하는 데 한결 유리하다.
- 기업의 사사 기획 및 진행 작업은 큰 수입을 올릴 수 있다.

연봉

출판사에 따라 연봉은 제각각이다. 3년차 연봉을 기준으로 평균 2,000만 2,300만 원 정도이고, 초임은 1,200만 1,500만 원 정도이다. 프리랜서로 활동할 시 건당 500만~600만 원을 받는 경력자들도 있다.

웨딩매니저

전문 지식과 경험을 바탕으로 결혼 준비를 대행

What

웨딩매니저는 결혼 예정자를 대상으로 하여 결혼의 모든것을 다양한 전문 지식과 경험을 바탕으로 결혼 준비를 대행해 주는 사람이다. 예비 신랑 신부의 스케줄 관리외의 복잡한 예식 절차를 컨설팅하여 기획하는 역할을 한다.

웨딩매니저는 결혼 예정일이 잡힌 예비 신랑 신부의 결혼 진행을 전문가적인 견해로 가장 합리적이고 만족스런 결혼이 될 수 있도록 돕는다. 먼저 재정 상태나 라이프 스타일을 파악한 후 총 예산 견적 및 부분별 활용비용을 산출하고 업체 선정과 전체적인 스케줄을 관리한다. 또한 고객이 결혼을 진행하면서 당면하게 되는 문제점을 웨딩의 전반적인 지식을 토대로 해결하고 행복한 결혼이 될 수 있도록 최상의 서비스를 제공한다. 예식장 섭외, 드레스, 턱시도, 헤어·메이크업, 예약대행, 스케줄 관리 등이 웨딩매니저의 몫이다.

편하고, 저렴하게 결혼의 모든 것을 해결하려는 바쁜 직장인들이 늘어나면서 웨딩전문가는 갈수록 인기가 높아지고 있다. 나이와 상관없고 연륜이 쌓일수록 가치가 높아지는 직업이므로 결혼이후라도 자유롭게 활동할 수 있다.

Who

특별한 자격조건은 없다. 전공도 상관없다. 일의 성격상 일 대 일로 고객과 상담하는 경우가 많은 만큼 대인관계의 친화력은 필수다. 많은 사람을 상대해야 하기 때문에 언어구사력도 좋아야 하며 정보에 빠르고 적극적인 서비스 마인드를 갖춘 여성이 유리하다.

Where

교육센터

웨딩플래너 교육을 받기 위해서는 한국능률협회의 웨딩플래너 교육과정을 거치거나 백화점 문화센터의 단기간 교육과정을 받을 수 있다. 또한 웨딩업체들이 자체 교육을 실시하기도 한다.

관련기관

웨딩매니저 : www.weddingmanager.org

취업 및 활동무대

교육 수료 후에는 고정급여와 인센티브를 지급하는 웨딩컨설팅사에 취업할 수 있다. 업체마다 다르지만 약 1~3개월 후 수습 과정을 거쳐 정식직원이 되어 웨딩매니저의 역할을 한다. 먼저 교육을 받은 후 전문업체에 취업하여 현장실무를 1년 정도 익힌 후 독립하는 것이 유리하다.

How

- 전문성이 강한 직업인 만큼 웨딩의 전반적인 부분에 대한 지식과 풍부한 경험이 필요하며 빠르게 변해가는 웨딩의 흐름을 분석할 줄 알아야 한다.

- 신문, 잡지 등 정기적인 구독을 통해 결혼문화에 뒤쳐지지 않는 감각을 유지해야 하며 결혼과 관련한 편안한 상담가 역할을 동시에 수행해야 한다.
- 초창기에는 대행비용을 많이 챙기기보다는 고객에 대한 철저한 서비스와 마인드로 최상의 만족을 주는 것. 고객의 입소문이 새로운 고객 창출에 큰 영향을 주는 비즈니스이므로 이를 철저히 지키는 노력이 필요하다.

연봉

대부분의 웨딩 업체에서 프리랜서를 활용한 웨딩매니저를 모집한다. 본인 계약 실적에 따라 이익금에 일정 성공수수료(예 : 5 대 5, 6 대 4, 7 대 3)를 지급받는 방식이며, 독립적인 활동을 지원하는 곳은 이익금 100%가 본인 소득이 된다.

전시 프로젝트 매니저

부스 디자인부터 설치 · 철거까지

What

기업들의 마케팅 수단으로 이용되는 국내외 전시회가 늘면서 전시 업무를 담당할 전문 인력이 필요해 졌다. 전시 분야 중 '전시 프로젝트 매니저(Project Manager · PM)'는 전시부스를 디자인하고 설치하며, 전시장 오프닝과 전시회가 끝난 후 철거 작업 등의 업무를 담당한다.

전시PM은 장기간 진행되는 전시 기획 분야와는 달리 1~2달 사이에 한 프로젝트가 마무리된다는 점에서 프리랜서 직업으로도 적당하다.

전시 참여 기업을 대상으로 별도 프로젝트 수주도 할 수 있으므로 전문 전시프로젝트회사 창업도 가능하다. 인테리어 사업을 하고 있거나 디자인 관련 사업을 하고 있는 사람들의 경우 전직 아이템으로도 고려해 볼 만하다.

프로모션 대행사인 월드전람과 아이디컴은 업계 대표적인 기업으로 알려져 있다.

Who

디자인 분야를 공부하였거나 경력이 있으면 된다. 도면을 볼 줄 아는 능력은 훈련으로 익혀질 수 있다. 국제전시운영협회(IAEM)

가 주관하는 CEM을 취득하면 전문가로 인정받는다.

참고) CEM이란 전시기획과 운영에 대한 프로젝트를 총괄하는 사람에게 부여하는 국제적인 자격증으로 취득조건은 전시분야 3년 경력에다 프로젝트 매니저 등 9개 과목 시험을 통과해야 자격증을 취득할 수 있다. 비영리 단체인 국제전시운영협회(IAEM)가 주관하며 지난 1989년부터 본격적으로 보급이 시작돼 미국, 캐나다, 독일, 스페인, 일본, 아랍에미리트 등에서 188명이 취득했다.

Where

교육센터

대학의 이벤트관련학과 큐레이터학과에서 공부를 한 후 전문업체나 관련단체에 취업하여 실무지식을 쌓는 게 중요하다.

관련기관

아이디컴 : www.idcomm.co.kr

코엑스 전시팀 : www.coex.co.kr

월드전람 : www.world-expo.co.kr

취업 및 활동무대

전시기획 주관 전문회사나 이벤트사 또는 대형전시장 운영기관 등이 주 취업처이다. 경력을 쌓으면서 기업들과의 관계를 밀접하게 한 후 독립하여 활동하면 된다. 인테리어업체 등과 파트너십을 갖고 활동을 하면 한결 유리하다.

How

- 전시 참여 기업을 대상으로 별도 프로젝트 수주도 할 수 있으므로 전문 전시프로젝트회사 창업도 가능하다.
- 인테리어 사업을 하고 있거나 디자인 관련 사업을 하고 있는 사람들의 전직 아이템으로도 고려해 볼 만하다.

• 외국어에 능통하면 국내기업의 해외전시 뿐아니라 해외 기업들의 국내 전시를 담당할 수 있다. 국내에서 개최되는 국제 전시회에 참가하려는 외국 기업들 중에서도 전시 작업들을 진행해 줄 전문성을 갖춘 전시PM들을 찾기 때문이다.

관광 기획자

What

관광 기획자란 말 그대로 관광 자원을 적절한 상품으로 기획하기 위한 전문적인 능력을 가진 사람을 말한다. 좁은 의미에서는 기획 여행 상품의 개발로 볼 수도 있지만, 좀더 광의의 의미로 해석한다면 '한국의 문화를 소재로 상품화하고, 문화 자원의 부가가치를 높이는 데 필요한 제반 사항을 기획하는 사람'이라 말할 수 있다.

관광 기획자는 해외 여행자를 인솔해 출국에서 입국까지 모든 여정을 책임지는 일을 한다. 외국인을 대상으로 국내 여행지를 안내하는 여행가이드와는 다르다. 일반 패키지 해외 여행뿐만 아니라 배낭여행, 국제회의, 기업의 해외연수, 테마 해외여행자를 인솔하기도 한다. 즉 해외여행과 관련한 모든 것을 총감독, 지휘하는 역할을 한다고 볼 수 있다.

최근 들어 주5일 근무로 주말을 이용한 해외 관광객이 늘고 있고 테마여행상품들이 개발되고 있어 장기적으로 비전이 밝은 직업이다.

Who

관광기획자는 따로 자격증이 없다. 다만 업계에서는 관광통역안내원 자격증 취득자를 선호한다. 그리고 해외현지 사정에 밝고 여행업체 경력이 2년 이상인 경력자는 관광기획자로 일하기에 유리하다. 이 직업은 무엇보다 여행하기를 좋아하고 사람 만나기를 좋아하는 활달하고 사교성 있는 성품의 사람에게 적합하다. 외국 각지를 돌아다녀야 하므로 건강한 체력이 요구된다. 사교성 뿐만 아니라 투철한 서비스 정신을 갖추어야 한다.

Where

교육센터

육성교육기관으로는 에어라이트데불스쿨, 온누리여행사가 있고 사설교육기관은 없다. 협회로는 한국관광협회가 있으며 추가정보는 탑항공(722-2521/4)에서 얻을 수 있다.

관련기관

경희대 관광학부 : (02) 961-0822

우송전문대학 : (042) 629-6114

한국관광통역연합회 : (02) 6273-8566

취업 및 활동무대

여행사에 정직원으로 채용돼 일하기도 하고 프리랜서로 활동하기도 하는데 보통 프리랜서의 경우 성수기에는 20~25일, 비수기에는 10일 정도 근무한다. 대부분의 관광 기획자는 관광회사, 호텔, 항공회사 등에서 근무한다.

How

- 같은 자원이라 하더라도 이를 보다 효율적으로 관광 상품화하기 위한 기획이 요구된다.

- 상품의 질과 문화적 전문성에 초점을 두고 기획 상품을 개발하여 상품의 부가가치를 더욱 높이는 데 주력해야 한다.
- 외국이나 우리의 역사와 문화에 대한 이해를 충분히 인지하고 있어야 한다.

연봉

타분야에 비해 보수는 높은 편이 아니다. 대기업이 아닌 경우에는 경력 4~5년 정도라면 연봉 1,500만~2,000만 원 선.

공연 기획자
공연 컨셉부터 마지막 공연까지 총 진행

What

공연 기획자는 공연의 컨셉을 세우는 일부터 마지막 공연까지 총 진행을 책임지는 무대 뒤의 숨은 주인공이라 할 수 있다. 공연을 하면서, 가수나 배우의 특성 그리고, 고객의 취향을 파악하고 그에 따라 꼼꼼하게 기획하고 진행해야 한다.

공연은 업무 분야가 다양하게 나뉘어져 있다. 공연 아이템을 선정한 후 접촉하고 제반 사항을 정리하고 추진하는 프로모터 분야가 있고, 영화와 마찬가지로 홍보와 마케팅 분야도 있고 좌석을 구분하고 관리하는 분야, 그리고 현장에서 관객이 편안하게 공연을 관람하게 하는 현장 운영 분야도 있다. 이처럼 공연 전반을 다루는 직업을 가진 공연기획사의 직원들을 통상 공연기획자라고 할 수 있다.

대기업이 공연사업에 진출하고 정부에서도 문화산업 분야를 지원하여 최근에는 공연기획자가 유망직종으로 분류되고 있다. 공연의 유형도 다양해지고 있는 만큼 한 분야에서 전문 노하우를 쌓으면 장기적으로 유리하다.

Who

18세 이상 공연을 사랑하는 사람이라면 기획력이나 공연에 대한

전반적인 지식을 쌓은 후 관련 분야로 진출할 수 있다. 총감독자로
서의 역할을 위한 통솔력과 종합적인 사고력, 판단력이 요구되며,
무대, 음향, 의상, 조명, 등 전반적인 부분에 대한 지식, 그리고 공연
이라는 문화상품을 외국에 알리기 위해선 외국어 능력도 요구된다.

Where

교육센터

한국예술종합학교 무용원과 목포 대불대가 예술경영 학부과정
을 두고 있으며 충청대가 2년제 학부과정을 개설하고 있다. 석사과
정은 훨씬 다양해 단국대 중앙대 등 10여개 대학에 개설돼 있다. 사
설기관으로는 문화예술기획 다움아카데미와 KBS 등 일부 언론사
사회교육센터도 문화예술 경영과정을 열고 있다.

국내 기획사의 경우 뮤지컬, 콘서트, 오페라 등 공연의 성격에 따
라 전문화가 되어 있기 때문에 자신이 특별히 관심을 두고 있는 곳
으로 진출하여 경력을 쌓는 것이 중요하다.

관련기관

21C공연예술진흥원 : (02) 733-3041

취업 및 활동무대

공연기획자가 되는 경로는 예술의 전당이나 세종문화회관 등 공
연기획부를 둔 대공연장 공채에 응시하거나, 다른 민간 기획사에
개별적으로 근무 의사를 밝힌 뒤 현업을 배우는 방법이 있다. 전문
공연 기획사, 프로덕션, 방송국, 일반기업, 리조트 산업, 관공서, 언
론사, 여행사, 기타 대행사에서 문화관련 기획자로 활동할 수 있다.

How

- 공연기획에 필요한 자질은 음악 등 예술 지식에서부터 경영 회계, 영어 등 외국어, 문장력 등 실로 다양하기 때문에 현업에서 몸으로 부딪치는 것이 무엇보다 중요하다.
- 공연 아이템과 방향을 선정하는 기획 작업을 위해 꾸준한 시장 조사가 필요하다.
- 공연에 맞는 배우나 스텝 등을 섭외하는 안목과 리더십이 필수 조건이다.

연봉

공연의 흥행에 따라 임금이 유동적으로 변하는게 현실이다. 공연기획사마다 많은 차이가 있지만 보통 공연 기획사 입사 시 초봉은 약 2,000만~2,200만 원 수준이다.

이미지 컨설턴트
개인이나 단체의 이미지 연출 및 관리

What

현대인의 성공은 이미지메이킹에 달려 있다는 말이 나올 만큼 대외적인 이미지관리를 어떻게 하느냐는 매우 중요한 문제다. 이미지 컨설턴트는 개인이나 단체에게 그 특성에 맞게 이미지를 만들어 주고 지속적으로 관리해 주는 전문가. 주로 한 개인의 이미지를 위해 의상이나 표정, 몸짓 등 다양한 영역에서 문제점을 파악하여 새로운 이미지를 만들기 위한 전략과 전술을 수립한다. 또한 의상, 대화기술, 화장법 등을 지도한다.

근무시간에 크게 구애받지 않고 일할 수 있어 시간활용이 자유롭다는 것이 장점.

다소 생소한 분야인 만큼 아직은 이미지 컨설턴트가 그리 많지 않다. 그만큼 성장의 기회가 큰 분야이기도 하다.

지금까지는 정치인이나 유명인사 연예인 등이 주 고객이었지만 최근에는 단체, 기업의 이미지 홍보를 위해서도 이들이 중요한 역할을 해내고 있어 유망한 직업으로 떠오르고 있다.

Who

나이, 학력제한 없으며 2년제나 4년제 대학의 예술계열이나 심리학 전공자가 유리하다. 타인을 상대로 개성 · 장단점을 파악하여 이미지를 만들어 줄 수 있는 능력이 필요하므로 섬세하고 치밀한 성격의 소유자이어야 한다.

Where

교육센터

일부 경영대학원 최고경영자 과정에서 이미지 창출 및 관리를 위한 기법을 가르치긴 하지만 전문 교육과정은 없는 상태. 이미지 관리 전문가사무실에서 보조자로서 실무과정에서 훈련을 받거나 패션업계, 화장품 업계, 광고회사 등에서 경력을 쌓으면 실무경험 쌓는 것이 유리하다.

관련기관

이미지메이킹연구소 : (031) 204-8844

윤치영의 파워스피치 : http://www.buy21.co.kr/speech

취업 및 활동무대

광고대행사나 기획사, 전문 이미지 관리회사와 같은 곳에 취업이 가능하다. 그러나 대부분 프리랜서로 활동하며, 능력을 인정받으면 기업가, 정치가, 연예인 등의 컨설팅을 맡는다.

How

- 타인의 개성을 파악하고 적절한 이미지를 만들어주는 직업이므로 예리한 관찰력과 색체감각은 물론, 패션, 화술, 메이크업 등의 실무능력을 키우기 위한 지속적인 노력이 필요하다.
- 대상이 단체일 경우에는 그 단체의 목표와 방향 설정에 기초해서 현재의 상태를 진단하고 문제점을 파악하여 새로운 이미지

를 만들기 위해 전략과 전술을 수집하는 부지런함이 요구된다.

• 잡지, 신문 등에 관련 칼럼을 제공하거나 방송출연 활동 등을
통해 홍보를 하는 것이 대외적인 인지도를 높여 성공할 수 있
는 계기가 마련된다.

연봉

보수는 대개 1회 출장료가 20만~30만 원 정도이며 한달 단위
계약일 경우에는 100만~200만 원 수준이나 특별히 정해진 것은
아니다. 직접 이미지컨설팅 사무실을 운영할 경우에는 수입이 크
게 달라진다.

Health
튀는 외모 & 건강미를 지녔다.

보디디자이너
생활체육지도사
연극배우
나레이터모델
피부관리사
경호원

'얼짱', '몸짱'이라는 말이 유행어가 되고 있는 시대인 만큼 튀는 외모를 지녔다면 그 자체만으로도 큰 재산을 갖고 있는 셈이 된다.

만인의 시선을 즐겁게 해주는 튀는 얼굴 건강한 몸매의 소유자라면 남들은 쉽게 도전하지 못하는 틈새 직종을 선택하는 것도 성공으로 가는 지름길을 가는 것.

일 자체가 건강한 삶 즐거운 삶을 창출하는 헬스(Health)의 세계!

그곳에는 나를 다시 태어나게 하는 나만의 직업이 있다.

보디디자이너
고객이 원하는 몸매 만들어 주는 일

What

보디디자이너는 고객의 건강 상태에 대한 자료를 분석해 비만 원인을 찾고 지속적인 상담과 식습관 지도를 통해 고객이 원하는 몸매를 건강하게 만들어갈 수 있도록 도움을 주는 일을 한다

보디디자이너의 역할은 단순한 다이어트 컨설턴트가 아니다. 그들은 고객의 신체 사이즈와 체지방을 측정해 고객의 체형 중 가장 문제가 되는 부위를 지정한다. 그리고 근육과 건강상태에 따라 마사지와 기계관리, 래핑을 통해 고객들이 늘씬한 몸매를 만들 수 있도록 옆에서 도와준다.

몸짱 열풍이 불고 있는 요즘, 여성들의 몸매를 관리하는 체형관리업체가 많이 생겼다. 고객의 체형과 체질에 맞는 체형관리 프로그램을 제공하는 '보디디자이너'는 웰빙시대에 잘 맞아 떨어지는 직업이라 할 수 있다.

Who

대졸 이상의 학력으로 신장 162cm 이상의 적극적이며 용모 단정한 여성이어야 한다. '인체'와 '영양학'에 대한 전문적인 이해와 지식이 필요한 만큼 이와 관련된 전공을 한 사람이 유리하다. 세일즈(Sales) 경력이나 화장품 계통 혹은 서비스 관련 업종에 종사

174

경험이 있는 31～40세 사이의 여성이 적격자.

Where

교육센터

교육만을 전문적으로 하는 사설교육기관은 없다. 대표적인 전문 업체인 마리프랑스 보디라인에서는 3개월 간 교육을 거쳐야 보디 디자이너가 될 수 있다. 뷰티 비전은 본사에서 자체적으로 교육을 실시한다.

관련기관

마리프랑스 : www.mariefrance.co.kr

보디라인 : www.beautyvision.co.kr

취업 및 활동무대

체형관리 업체가 주 취업처이며 헬스클럽에서 트레이너로 경력을 쌓아도 된다.

How

- 고객을 꾸준히 관리하고 분석할 수 있는 분석력과 고객 정보를 관리하는 통계학적 이해력이 요구된다.
- 서비스 분야인 만큼 철저한 봉사정신과 인내력으로 무장하는 것이 무엇보다 중요하다.
- 최고 전문가가 되기 위해서는 최근 다이어트 산업분야에 대한 외국 자본의 유입 등을 감안해 외국어 하나 정도는 반드시 자유자재로 구사할 수 있어야 한다.

생활체육지도사

웰빙 시대의 건강 전령사

What

생활체육지도사는 일반인에게 생활체육을 보급하고 건강을 위한 운동법을 알려주고 지도하는 업무를 수행하는 사람이다. 전문의료진에 의한 검사결과를 토대로 개인의 체력적 특성을 파악하고 적합한 운동종목과 강도, 시간 등을 구체적으로 알려준다. 일반인을 위한 교육뿐만 아니라 체육지도사를 양성하는 업무도 담당한다.

수영이나 테니스, 스키, 골프 등 스포츠 기술 향상이나 스포츠 그 자체를 즐기는 것을 목표로 하는 종목에 대한 지도는 초보자에 대한 기본적인 기술에 대한 교육에서부터 베테랑에 대한 고급 기술 및 기록 향상을 위한 기타 보조운동에 대한 교육을 한다. 건강증진이나 체력의 향상, 스트레스 해소 등을 목표로 하는 각종 휘트니스 클럽(Fitness Club)에서는 스포츠 상담과 체력측정을 하고 결과를 기초로 각종 트레이닝 프로그램 작성과 각 운동에 대한 교육을 책임진다.

생활수준의 향상으로 여가활동에 할애하는 시간이 증가하며 점차 건강증진과 스트레스해소 등 다양한 목적으로 생활체육에 대한 관심이 증가하고 있어 웰빙시대의 건강 전령사로서 직업전망은 매우 밝은 편이다.

Who

전문대졸이상의 학력으로 사회체육학과 및 관련학과 졸업자로 생활체육지도자 자격증은 필수(1, 2, 3급으로 구분한다) 체육에 대한 관심(운동을 수행할 능력을 갖추고 이론과 실기를 겸비해야 한다)은 기본적인 자질.

Where

교육센터

생활체육지도자의 자격검정을 위하여 체육과학연구원, 생활체육지도자연수원의 연수기관과 서울대, 강원대, 인천대, 용인대 등의 대학 연수원, 국기원 및 한국프로골프협회에서 연수를 실시한다.

관련기관

문화관광부 생활진흥과 : (02) 3704-9820/3 http://www.mct.go.kr

국민체육진흥공단 체육과학연구원 연수지원과 : (02) 410-1114
    http://www.sosfo.or.kr

국민생활체육협의회사업협력부 : (02) 421-8219, 8214

한국체육과학연구원 : (02) 970-9500 http://www.sports.re.kr

취업 및 활동무대

생활체육지도사 자격증 1급을 취득할 경우, 국민체력센터, 운동처방, 클리닉, 스포츠센터 등에서 활동할 수 있고, 2급을 취득하면 직장이나 공공기관, 지방자치단체의 생활체육 직원으로 진출할 수 있으며, 3급을 취득하면 사설 스포츠센터 등 민간체육시설에서 개별종목 지도사로 일할 수 있다.

How

- 신체적인 건강과 자기 관리가 필수 요소이며 각종 운동기구 및 안전관리에 대한 지식이 필요하다.
- 타인의 운동을 지도하는 직업이므로 사교적이고 친절하며 침착해야 한다. 상담자 개인의 특성에 맞는 적절한 지도를 할 수 있는 코칭 능력도 요구된다.

연봉

생활체육종목에 따라 월 보수액 및 시간당 보수액은 차이가 있지만 대체적으로 평균 100만 원에서 150만 원 정도이며, 프리랜서의 경우, 시간당 1만 원에서 1만5,000원으로 종목에 따라 차이가 있다.

연극배우

다양한 삶을 그려내는 무대위의 히로인

What

연극배우는 희곡 작품을 읽고 그 작품 속의 인물을 표현하며 공연하는 직업이다. 오랜 시간 동안 대중들의 삶의 애환을 대변해 주는 역할을 해오고 있다.

배우가 연극에 캐스팅되어 배역이 결정되면 극중인물의 성격을 소화하기 위하여 관련자료를 수집, 분석하여 특성, 언어 등을 연구하고 얼굴표정이나 행동을 설정하여 연습한다. 또 각 장면에 어울리는 옷차림이나 분장 등을 관련 스탭들과 연구하여 등장인물의 성격을 잘 표현할 수 있도록 한다. 배우는 대본의 대사를 암기하여 연기해야 한다.

최근들어 연극에서 연기의 노하우를 다진 후 영화나 TV의 스타가 되는 이들이 많은 편이다. 문화의식의 향상으로 인해 연극공연 관람 관객은 꾸준히 증가하고 있는데다 풍부한 경력을 쌓으면 진출 범위도 넓어져 온몸을 무대 위에서 불사르겠다는 집념이 강하다면 도전해 볼 만한 매력적인 직업이다.

Who

연령, 학력 제한 없으나 음악, 무용, 문학 등 다방면에 대한 관심과 재능을 갖추어야 한다. 연기에 대한 열정과 배역에 대한 완벽한 소화와 이해도 필수다.

Where

교육센터

대학에서 연극관련학과를 전공하면 유리하다. 연극반 활동, 연극제 참가경험을 통해 학교 졸업 후 극단의 단원으로 들어가 연기지도를 받아 무대에 서는 것도 좋은 방법이다.

관련기관

동국대학교 연극학과 : http://www.dgutheatre.org (02) 2260-8753

서울예술대학 연극과 : http://www.seoularts.ac.kr (031) 412-7100

취업 및 활동무대

극단의 오디션을 거쳐 수습단원이 되면 먼저, 기본 프로그램에 따라 교육을 받는다. 처음에는 포스터 작업 등의 기획작업 등 자질구레한 일부터 시작한다. 약 1년 후 준단원이 되며 다시 약 3년의 경력을 쌓아야 정회원이 될 수 있는데 수습단원이라도 능력과 소질이 있으면 무대에 설 수 있다. 극단에서 경력을 쌓은 후 극단에 속하지 않고 활동할 수도 있다.

How

- 관객을 대상으로 무대에서 직접 공연하는 것이므로 철저한 예행연습은 기본. 예행연습을 통해 극 전체의 흐름을 완벽하게 이해함은 물론 장면마다 사용되는 음악, 조명, 음향에 대해서도 파악해야 한다.
- 평소 목소리와 건강관리를 철저히 하여 연습과 공연에 차질이

없도록 하는 것도 중요하다.

• 자신의 영역에서 뛰어난 능력과 독창적 예술성을 인정받기 위해서는 무엇보다 자신만의 목표를 향해 계획을 세우고 실천할 수 있는 집념과 성실성이 절대적으로 요구된다.

연봉

연극 배우는 작품당 출연료를 지급받는데 한편의 연극에 대략 4개월이 소요된다. 수습단원은 별도의 임금이 없고 1년 정도의 수습기간이 지나면 작품당 약 50만 70만 원의 출연료를, 약 3년 정도의 경험을 쌓으면 경력에 따라 작품당 70만 300만 원의 출연료를 받는다.

나레이터모델

행사 이벤트장의 화려한 프리 마돈나

What

'아나운서 모델'로 불리기도 하는 나레이터 모델은 모터쇼나 OA기기 발표회 또는 소규모 개업행사 등에서 업체의 홍보나 행사를 진행하고 상품을 소개하는 전문직종이다.

올림픽과 대전엑스포(EXPO)를 거치면서 여성들의 자유직업 중하나로 자리매김했다. 초창기의 경우 대형행사장에서만 모습을 드러냈으나 최근에는 활동 인원이 늘어난데다 소형 점포 창업 이벤트에도 나레이터 모델이 활동할 만큼 필요로 하는 곳도 많아졌다.

나레이터 모델은 자신의 능력을 발휘하여 그에 상응하는 보수를 받으며 프리랜서로 자신의 시간을 활용할 수 있는 자유 직업을 갖기 원하는 사람에게 적당하다. 단, 행사 진행 중 예상치 못한 상황이 발생 할 경우, 주의를 분산시키지 않고 행사를 진행시킬 수 있는 순발력과 리더십이 중요하며 행사의 성격에 따라 자신을 연출 시킬 수 있는 연기력이 필요하다. 최근 기업간 홍보가 치열해지면서 이벤트 경쟁이 붙어 나레이터 모델의 입지가 확고해질 전망이다.

Who

나레이터 모델은 여성으로 163cm 정도면 누구나 가능하다. 건강한 체력과 관람객들에게 좋은 인상을 심어줄 수 있는 표정 연출

능력이 요구된다. 나레이터에게 가장 필요한 것은 나레이션 능력으로 정확한 발음과 큰 목소리, 정보를 정확히 전달하기 위해서는 필수적인 자질이다.

최근 각종 국제행사가 많아지고 신제품의 홍보를 위해 외국에서 행사를 진행 하는 경우가 많으므로 회화능력을 요구하기도 한다.

Where

교육센터

사설 교육기관이 여러 곳 있는데 일단 교육기관을 잘 선택해야 한다. 학원을 고를 때 가장 먼저 눈여겨 보아야 할 점은 규모로, 실평수가 38평 이하인 경우에는 교육기관으로 허가가 나지 않는다는 것을 참고해야 한다.

관련기관

도우미 아카데미 : http://www.doaca.co.kr (02) 511-6030

모닝 엔터테인먼트 : http://www.morningenter.com (042) 531-5600

(주)BM 엔터테인먼트로 : http://www.bestmodel21.co.kr
(02) 3481-5252

취업 및 활동무대

아직까지는 회사에 취업하여 활동하고 있는 경우는 드물다. 대부분 나레이터 에이전시에 등록되어 행사에 나가는 형식을 취하고 있다. 이벤트사나 에이전시에 등록하여 활동하면서 기업들과의 인연을 맺으면 경력이 쌓여진 후 프리랜서로 독립이 빨라진다.

How

- 나레이터 모델은 관람객 앞에 서기 전에 많은 준비가 필요하다. 회사에서 상품이나 행사에 관한 교육을 받고 난 후 행사장에서 설명해야 될 문안을 받아서 말하기 좋고 쉽게 알아들을 수 있도록 다듬고 고친 다음 내용을 암기해야 한다.
- 제품설명을 할 경우에는 제품을 마치 자신들이 직접 생산한 것처럼 소화해 설명할 수 있어야 하며, 외국인을 대상으로 한 행사인 경우는 회화 능통자가 진행을 하므로 외국어 실력이 뛰어나면 수입 또한 늘기 때문에 교육과정을 거치면서 회화 공부를 겸하는 것이 유리하다.
- 행사기간 동안 대개 하루종일 서서 일해야 하기 때문에 체력을 키우는데 게을리하지 말아야 한다.

연봉

철저한 능력제 지급을 원칙으로 하고 있다. 일반적인 행사안내의 경우 5만~7만 원, 제품설명까지 해야 할 경우 10만~13만 원, 통역업무를 하는 통역 나레이터는 15만~30만 원의 하루 수입을 올린다. 행사는 짧게는 하루에서 길게는 보름 정도 진행되며 한달 동안 나레이터 모델의 평균 수입은 100만~200만 원 수준이다.

피부관리사

마사지, 화장 등 피부미용서비스 제공

What

피부관리사는 고객의 얼굴, 팔, 다리 등에 마사지, 화장 등의 피부미용서비스를 제공하는 일을 한다. 가장 기본적인 업무가 얼굴, 목, 피부유형별 관리방법 및 맛사지 기술을 통하여 기본적인 얼굴관리다. 더불어 비만예방관리 및 선텐 등의 전신관리, 발관리, 두피손질, 손(발)톱 관리, 탈모(팔, 다리), 눈썹염색 및 다듬기, 화장(메이크업보다 피부 관리를 위한 화장) 등도 포함한다.

피부관리사는 고객의 피부를 관찰하여 적절한 미용처리방법을 결정하고 피부 성향에 알맞은 화장품의 종류를 설명하고 화장법을 조언하는 일을 한다. 또한 각종 기계를 이용하거나 지압, 팩 등 다양한 기술을 사용하여 피부를 관리해 준다.

생활수준이 향상되면서 미에 대한 관심이 높아지고 있고 아름답고 깨끗한 피부를 가꾸려는 사람들이 늘어남에 따라 전문 피부관리사에 대한 수요도 급증하고 있는 추세다.

Who

피부관리사가 되는 데에 학력제한은 없다. 대개 고졸 정도의 학력에 자격증을 취득하면 가능하다. 현재는 피부미용위원회가 인정하는 자격증이 있다. 미용사 자격증도 같은 미용분야이기 때문에 자격증으로 인정한다.

피부관리사는 팔을 뻗고 오랫동안 서서 일하는 직업이므로 체력이 중요하다. 또한 민감하고 섬세한 피부를 다루어야 하므로 세심한 주의력이 요구된다.

대부분 손으로 하는 작업이기 때문에 손놀림이 유연한 사람이 유리하고 차분하고 꼼꼼한 성격을 가진 여성이면 도전해 볼 만한 직업이다.

Where

교육센터

피부관리사는 공공직업훈련기관이(각 구청 가정복지과)나 사설 미용학원에서 실시하는 훈련과정을 이수한 후 활동할 수 있다. 교육기간은 보통 4~6개월이다. 보다 전문적인 공부를 원할 경우에는 피부미용관련 학과가 개설되어 있는 전문대학에 입학하는 것도 좋다.

관련기관

수원여자대학 : (031) 290-8000

알롱제 엠 아카데미 : http://www.allonge-m.com (02) 3444-9200

여성발전센터 : http://womancenter.seoul.go.kr (02) 3707-9204

취업 및 활동무대

전문 피부미용실이나 개인 미용실, 화장품 회사, 피부과 병원 등에 취업하여 활동할 수 있다. 자본이 있고 경력이 쌓이면 직접 피부관리업소를 운영할 수 있는데 이때는 미용사 자격증을 취득해야 한다.

How

- 기능성화장품의 사용법과 성분 등을 제대로 인지하여야 하며, 피부관리를 할 수 있는 지식 및 기술을 꾸준히 공부해야 한다.
- 피부타입에 맞추어 고객의 생활방식까지 컨트롤해주며 건강적 측면도 관리해야 한다.
- 피부관리를 하는데 한 사람당 최소한 1시간 정도 걸리므로 고객이 기다리지 않도록 예약제를 도입할 필요가 있다. 또 고객의 특성을 철저히 기록해 효과적인 서비스를 제공하거나 피부타입에 맞추어 고객의 생활방식까지 컨트롤해 주어야 한다.

연봉

초봉은 월 60만~70만 원 정도다. 능력을 인정받으면 월 100만 원 이상 받는다. 직접 피부미용관리실을 개업하는 경우 월 수백만 원의 수입도 가능하다.

경호원

보안경호 경비 활동 통해 신체 및 생명 보호

What

경호원은 각종 위험으로부터 보호관리를 받아야 할 신변보호 대상자에 대해, 보안경호 경비 활동을 통하여 신체 및 생명을 보호하고, 지켜주는 사람을 말한다. 포괄적인 경호활동을 통하여 안전을 제공함으로써 보호관리 대상자의 심리적 안정은 물론 위기 의식 및 공포 조성에서 오는 긴장, 불안, 초조의 3대 요소를 해결해 주어 정상적인 사회활동을 할 수 있게 도와주는 업무 경호원은 대통령, 장관 등 국가적 차원에서 보호해야 할 필요성이 있는 인물을 보호해주며, 연예인이나 스포츠 스타, 기업체임원 등 계약체결에 의해서 계약자를 보호하는 임무를 담당한다.

경찰 등 국가기관만으로는 충분한 치안유지가 어려워지고 있는 현실에서 국민들의 가장 가까운 곳에서 범죄를 사전에 예방하고 사건, 사고에 보다 신속히 대응할 전문 사설 경호원들은 앞으로도 민간 치안의 상당 부분을 담당할 것으로 기대된다.

따라서 사설경호업체 수도 계속 증가할 것이며, 경호원으로 일할 수 있는 일자리도 계속 늘어날 전망이다.

Who

고등학교 졸업 이상으로, 해외여행에 결격사유가 없는 사람이어야 한다. 남자는 170cm 이상, 여자 160cm 이상으로 무술 유단자여야 한다. 대통령경호실 같은 유명기관에 취업하려면 대학교를 졸업해야 하고 공개채용시 응시하여 서류전형, 필기시험, 체력측정, 면접, 신체검사, 인성검사를 통과해야 한다. 신체조건은 신장 172Cm 이상, 나안시력 0.8 이상이어야 한다.

Where

교육센터

한국산업인력공단에서 실시하는 경비지도사 자격증을 획득하거나, 경호협회에서 실시하는 5주 과정의 경호 기본교육을 받고 사설경호원 자격증을 부여받으면 경호원으로 취업하기에 유리하다. 전문대학 또는 대학교의 경호학과, 경호비서학과, 경호정보학과, 안전경호학과 등을 전공하면 경호원이 되기 위한 체계적인 교육을 받을 수 있다.

관련기관

용인대학교, 경기대학교, 경남대학교, 중부대학교, 경운대학교, 한서대학교

국제경호아카데미 : http://www.ibga.co.kr (02) 439-9555

국제경호무술연맹 : http://www.moosool.co.kr (032) 421-8854

취업 및 활동무대

경호원은 사설경호업체에 소속되어 일하거나, 호텔의 안전요원, 기업체 임원이나 정치인의 전속 경호원 등으로 일한다.

How

- 육탄 경호 정신이 충실하고 어떠한 상황에도 적응할 수 있도록 제반 경호 기술을 숙달될 때까지 훈련하여야 한다.
- 경호 임무에 있어 조 일원으로 활동하게 되므로 합심 단결하고 상호 노력하여 최대의 경호 능력을 발휘할 수 있도록 해야 한다.
- 경호원인 동시에 비서 또는 안내원으로서 피경호원의 업무 파악과 행사 일정 등을 사전에 알아두어 준비하는 능력을 갖추어야 한다.

연봉

임금은 취업처에 따라 다르다. 경호서비스 비용은 8~12시간에 20~25만 원 선이다. 단 영어 구사가 필요한 경호시에는 두 배로 뛴다.

writer
글쓰기를 좋아한다

테크니컬라이터
자유기고가
네이미스트
게임 시나리오 작가
카피라이터
구성작가
영화 시나리오 작가
만화 스토리 작가

    과거의 경우 소위 '돈 안 되는 일' 중 대표적인 분야가 바로 글 쓰는 직업이었다. 하지만 시대는 달라졌다. 순수문학 분야가 아닐지라도 글을 필요로 하는 분야는 다양하게 늘어났으며 전문적인 성격이 강한 만큼 그에 따른 대우나 수입도 높아지고 있다.

    글을 쓰는 일은 창작분야 중에서도 타고난 '끼'가 없으면 하기 힘든 일로 알려져 있다. 하지만 타고난 끼가 아닐지라도 노력이나 공부를 통해서 문장력은 길러질 수도 있다. 특히 순수문학이 아닌 상업적인 글은 어느 정도 짜여진 형태가 있어 노력할 각오만 되어 있다면 누구에게나 길은 열려 있다.

테크니컬 라이터

첨단제품 사용 설명서 알기 쉽게 작성

What

첨단 제품의 사용 설명서가 어렵다고 느껴지는 경우가 종종 있다. 아니 많을지도 모른다. 글쓰기에 익숙하지 않은 사람들이 사용 설명서를 만드는 경우가 많았기 때문이다.

이 때문에 일반인들이 이해하기 쉽도록 풀어쓰는 테크니컬 라이터(Technical Writer)가 필요하게 됐다. 즉, 소프트웨어 매뉴얼이나 새로운 기술의 사용법에 관한 사용서를 일반인들이 쉽게 이해할 수 있도록 설명하는 일을 하는 사람이 테크니컬 라이터다. 테크니컬 커뮤니케이터(Technical Communicator)라고도 불린다. 좁은 의미로는 매뉴얼 라이터(manual writer)로 볼 수 있다.

테크니컬 라이터는 회사에서 경력을 쌓은 후 프리랜서로 일하는 것이 일반적이다. 최근엔 인터넷을 통해 강의를 하는 등 활동 범위가 넓어지고 있다. 외국의 경우 테크니컬 라이터는 고액의 연봉을 받는 인기 직종으로 인식돼 있다.

Who

자격과 학력은 제한은 없다. 다만 정보처리기사 자격증이 있으면 도움이 된다. IT관련 전문지식, 집필능력, 외국어 독해능력은 필수다. 다방면의 전문지식도 필요하다.

Where

교육센터

테크니컬라이터 양성을 위한 전문교육기관은 없는 상황이다. IT 관련 교육과 문장력 향상을 위한 관련 교육을 받아 응용하는 방법은 있다.

관련기관

영진닷컴 : www.youngjin,com

테크니컬라이터 윤지은 : www.techwriter.pe.kr

취업 및 활동무대

테크니컬라이터를 전문적으로 채용하는 곳은 없다. 첨단 제품을 제조 판매하는 기업의 홍보실이나 출판 잡지 관련 분야에서 실무 경험을 쌓아야 한다. 경력이 쌓이면 활동무대는 관련 제조업 숫자만큼이나 넓다고 볼 수 있다.

How

- 적극정인 홍보 및 영업력이 필수다. 제조업체들을 대상으로 전문가로 활동하면서 영역을 구축하면 전문회사를 운영할 수도 있다.
- IT관련 전문 잡지에서 취재기자로 경력을 쌓은 후 활동할 경우 고정고객 확보 및 영업활동에 유리하다.
- 기업체 직원 대상으로 글쓰기 강좌를 할 경우 수입이 짭짤해진다. 관련업체에 적극적으로 제안을 하는 것도 좋다.

자유기고가

단행본 기획 · 집필, 잡지 · 사보 원고작성

What

출판사, 잡지사, 사보 등에 취재 원고를 기고하며 실용도서 단행본 집필 및 자서전 대필, 리라이팅 등이 주업무다.

갈수록 실용서적이 늘어남에 따라 출판사들의 리라이팅 원고와 기획 원고 또한 증가 추세다. 특히 이 직업은 컴퓨터 한 대만 있으면 어디서든지 작업이 가능하여 재택업무가 가능하며 고정 거래처 두세 곳만 확보하면 영업활동을 하지 않더라도 꾸준히 안정적인 수입을 얻을 수 있는 것이 장점이다. 고정 거래처와 일을 하는 도중에도 기회가 주어지면 자서전 대필이나 단행본 집필 등을 병행하게 되는데 자선전의 경우 권당 500만~800만 원 선이므로 일 년에 두세 권만 하더라도 웬만한 직장인 연봉 수입을 벌 수 있다.

성공 케이스로 잡지사 기자 출신인 경력 13년의 신모씨는 7년차 시절부터 프리랜서로 활동하기 시작해 지금은 단행본 기획 · 집필, 잡지 사보 원고작성은 물론이고 실무노하우를 갖춰 학교 강의까지 얻게 되어 연간 수입 7,000만 원 이상의 프리랜서가 됐다.

Who

출판사, 잡지사 경력 3년 이상의 취재기자이거나 원고 기획 및 문장 능력이 뛰어난 사람이어야 한다. 관련분야 경력이 없는 사람

194

이라면 잡지 · 출판 전문인력 양성기관에서 3~4개월 과정 단기교
육을 받은 후 경력자의 도우미 작가로 활동하면서 경력과 노하우
를 쌓은 후 독립하는 길이 가장 빠르다.

Where

교육센터

프리랜서만을 전문적으로 양성하는 곳은 일부 문화센터의 강좌
와 프리랜서 박창수의 프리스쿨이 전부다. 잡지 취재기자 교육은
유사한 점이 많아 사설교육기관에서 관련 교육을 받아도 된다.

관련기관

중앙저널아카데미 잡지대학 : www.jungang.co.kr

고려기자아카데미 : www.kijaacademy.com

프리서울넷 : www.freeseoul.net　프리스쿨 : (02) 902-9549

취업 및 활동무대

무 경력자는 잡지사에서 경력을 쌓은 후 독립하는 것이 유리하
다. 활동무대는 기획사, 출판사, 잡지사, 기업사보 등 다양하며 성격
이 원만한 사람이라면 일거리는 경력에 따라 저절로 들어온다.

How

- 여러분야의 원고를 기고하더라도 자신이 가장 잘 할 수 있는
  한 분야를 특화시켜 나가는 것이다. 이럴 경우 3~5년 정도만
  꾸준히 하다보면 자료가 쌓여서 단행본 출간이나 웹사이트 콘
  텐츠 제공 등으로 이어져 새로운 수익을 얻은 동시에 네임 파
  워가 생기게 된다.

- 기업인이나 유명인사의 자서전 대필이 목돈이 되며 자신의 책을 출간하면 인세 수입을 통한 장기적인 수입보장 효과도 거둘 수 있다.
- 활동 규모가 커지면 출판사 또는 기획사 창업으로 이어가는 것도 좋다.

연봉

프리랜서로 활동할 경우 최하 2,400만 원 이상은 가능하다. 경력이나 규모에 따라서 연봉 7,000만~1억 원 이상도 가능하다.

네이미스트

소비자 눈길 끄는 브랜드 이름 창조

What

고객으로부터 의뢰를 받아 상품의 시장경쟁력을 높일 수 있는 상품이나 회사의 이름을 지어주는 일을 담당한다. 네이미스트가 국내에 나온 것은 불과 10여 년 정도. 국내에서는 그리 많이 알려져 있지는 않다.

일반기업에 취업하는 경우에는 브랜드 매니저로 활동하게 된다. 브랜드 매니저는 일반적으로 브랜드의 출시부터 판매까지 모든 과정을 책임진다.

그러나 대개 정식 취업하는 경우 보다는 프리랜서로서 활동하는 경우가 대부분이다. 국내 브랜드 네이미스트 숫자는 프리랜서를 포함해 100~300여 명이 활동하고 있는 것으로 알려져 있다.

의류, 화장품업계 등에서 새로운 브랜드가 자주 나오고, 모든 상품의 새로운 브랜드는 계속 필요하므로 전망이 밝은 편이다.

힘든 점도 있다. 독창적인 브랜드를 끊임없이 고민해야 하므로 스트레스가 많기 때문. 또 아무리 아이디어가 좋아도 동일하거나 유사한 상표가 있으면 사용하지 못하기 때문에 상표 검색 업무도 중요하다.

브랜딩 전문기업인 ㈜메타브랜딩은 성공한 브랜드 네이미스트 전문업체다. 어린이 방송프로그램 '꼬꼬마 텔레토비'의 제목과 주인공 이름은 바로 이 회사 박향기 대표의 작품. 메타브랜딩은 그간 삼성전자의 '하우젠', 한국담배인삼공사의 '타임', 쌍용자동차의 '렉스턴', SK의 'OK 캐쉬백', 한국야쿠르트의 캔커피 '산타페' 등 이름만 들어도 알 수 있는 400여 종의 브랜드를 탄생시켰으며 20여 명의 브랜드네이밍이스트들이 일한다.

Who

네이미스트가 되기 위한 공인된 자격증은 아직 없지만 대졸 이상 학력자로 언어감각, 문장력 창의력 마케팅마인드 등과 다양한 일반 상식을 갖추고 있어야 한다.

Where

교육센터

사설학원이나 대학에 전문학과가 있는 것은 아니기 때문에 취업을 통해 배우는 것이 가장 빠르다. 단 문장력과 창의력을 다지기 위한 사전 노력을 하면 유리하다.

관련기관

브랜드리포트 : www.brandreport.co.kr

(주)메타브랜딩 : www.metabranding.com

취업 및 활동무대

브랜드네이밍전문업체나 광고 홍보업체에 취업할 수 있다. 직장 생활을 통해 경력을 쌓은 후 프리랜서로 활동을 시작하면 된다.

How

- 광고회사 카피라이터 또는 브랜드네이밍 전문업체에 취업하여 실무지식을 쌓아야 한다.
- 프리랜서로 활동하기 위해서는 직장생활시 자신만의 작업 포토폴리오를 만들어 두는 것이 좋다.
- 외국어 실력을 갖추고 있으면 유리하며 제품 이름 하나에도 여러 가지 의미가 부여되기 때문에 논리적인 시각과 마인드가 필요하다.

연봉

초임 2,000만 원 선. 프리랜서로 활동할 경우 경력과 네임밸류에 따라 고수입을 올릴 수 있다.

게임 시나리오 작가

게임의 구체적인 줄거리와 구조를 짜는 일

What

게임은 종종 영화와 비교된다. 게임은 영화와 마찬가지로 수많은 분야의 기술과 작품이 합쳐져야 하기 때문이다.

게임 시나리오 작가는 컴퓨터게임 소프트웨어의 전체적인 줄거리와 구조를 짜는 일을 맡는다. 지금까지 국내에서는 보통 '기획자'가 담당하는데 게임산업이 발전되고, 국내 게임 개발이 절실한 업계에서는 많은 게임 시나리오 작가가 필요할 것으로 예상된다.

프리랜서가 아니면 게임 개발사, 게임 유통사, 영상산업, 애니메이션 시장 등에 취업할 수 있다. 특히 이 직업은 예술과 과학기술 비즈니스 등의 요소가 하나로 합쳐진 21세기형 신종직업으로 기업의 창업이나 프리랜서로 활동할 수 있다는 점, 매년 30% 이상의 고속성장이 기대되는 산업으로 수입이 안정적이라는 장점을 지닌 매력적인 직업이다.

Who

학력과 전공 등 자격요건은 없지만 시나리오를 쓰기 위해서는 많은 상식과 신화, 전설, 민담, 문화를 알고 있어야 한다. 게임시나리오 공모대회에서 입선하면 유리하다. 창의력이 있어야 하고 기본적인 프로그래밍, 그래픽, 음악 등 게임개발에 필요한 많은 지식과 경험을 갖추고 있어야 한다.

Where

교육센터

특별히 교육을 담당하는 기관은 없다. 게임에 대한 이해와 게임 트렌드 읽기에 스스로 노력을 기울여야 하며 만화 무협지 등을 통해 스토리구성능력을 키워야 한다. 전문학과가 개설되어 있지 않고 전문대에 개설중인 게임학과에서 관련교육을 하고 있다.

관련기관

- 대학 : 숭의여자대학, 청강문화산업대학, 호서대학교
- 학원 : 게임스쿨, LG소프트스쿨, 아트센터, 연세/현대 세가게 임스쿨, 한국 산업디자인 진흥원
- 관련기관 및 학회 : 게임종합지원센터, 정보문화센터
- 아이러브잡 : www.ilovemyjob.co.kr

취업 및 활동무대

게임개발사, 게임유통사, 애니메이션 제작업체, 소프트웨어 개발 업체, 방송국 등에 취업할 수 있으며 경력을 쌓은 후 프리랜서로 독립하는 게 유리하다

How

- 시나리오 작가인 만큼 글 쓰는 능력을 키워야 하며 최신 유행도 파악하고 있어야 작품활동에 도움이 된다.
- 게임 개발업체나 애니메이션 제작업체들과 밀접한 관계를 유지하여 고정 거래처를 확보하는 게 좋다.

연봉

 기업에 취업할 경우 경력 4~5년이면 연봉 3,000만 원 선. 프리랜서의 경우 편당 500만~1,000만 원 선.

카피라이터

광고 홍보에 필요한 내용을 문자화시키는 일

What

카피(copy)란 마케팅을 위해 효과적인 방법인 광고에 필요한 내용을 문자화시키는 일이다. 카피라이터는 이런 카피를 쓰는 담당자다. 단 카피를 혼자 쓰는 것이 아니라 팀 전원의 아이디어를 구체화시키는 작업을 해야 하며 그 중에서도 문안부분을 맡고 있는 것이 카피라이터의 핵심역할이다.

고객의 욕구에 카피 아이디어를 얼마만큼 잘 조화시키는 지가 큰 관건이므로 카피라이터는 아트디렉터, CM플래너 등과 협력하여 광고를 만드는 크리에이터로서 이들과 함께 광고컨셉과 아이디어를 의논하고 표현전략을 세워야 한다.

'출근은 있지만 퇴근은 없는 직업'이라는 말이 나올 만큼 새로운 작업이 시작되면 야근은 기본이며 신규 고객을 유치하기 위해 공개 경쟁 프리젠테이션 프로젝트라도 걸리면 며칠밤을 새는 것은 흔한 일. 특히 카피라이터는 작가가 아니라 세일즈맨이라는 의식이 중요하다. 예쁜 문장이나 문학적 표현보다는 소비자의 눈에 확 띄고, 마음을 사로잡는 카피를 써야 한다. 소비자들의 공감을 끌어내고 주목하게 하는 것이 중요한 임무이다.

단, 직업 특성상 활동적이며 자유로운 분위기 속에서 일할 수 있으며 철저히 능력 위주로 평가하기 때문에 남녀차별이 없어 여성들에게 매력 있는 직업이다.

Who

대졸 이상의 학력을 지닌 30세 미만의 남녀로 특별히 공식화된 자격은 없다. 창조적인 일을 하기 때문에 아이디어가 풍부한 사람이 적당하다. 주로 어문학 계열 전공자가 많이 진출해 있으나 전공과는 크게 상관이 없다. 어떤 생각이나 느낌을 간결하고 명확하게 글로 전달할 수 있는 능력과 시대에 앞서가는 튀는 감각도 필요하다. 공모전 등의 수상 경력이 있다면 유리하다.

Where

교육센터

대학에서 국문학과나 문예창작학과 광고홍보학과를 졸업한 후 기본적인 문장력을 인정받고 취업을 하는 이들도 있고 사설교육기관이나 개인교육을 통해 실무를 익힌 후 취업하기도 한다. 사설기관의 경유 교육기간은 6개월이다.

관련기관

광고연구원 : www.adcollege.co.kr

추계예대대학원 : cggs.chugye.ac.kr

최카피연구실 : 서울 중구 장충동 186-41 장충빌딩 2277-
3080 / (011) 727-2193

윤카피의 웹사무실 : www.funnyone.net

취업 및 활동무대

취업처는 광고대행사로 국내의 300여 개에 이르지만 상위 20개사가 광고시장의 90% 이상을 차지하고 있다. 대기업의 경우 시험 과목은 국어 영어 상식 아이디어 등으로 회사마다 조금씩 다르긴 하지만, 대개 아이디어와 면접이 당락을 좌우한다. 대기업에서는 일반 기업의 공채 시즌에 맞추어 사원을 뽑기도 하지만 경우에 따라 비정기적으로 인턴사원을 모집하거나 특채를 하기도 한다. 케이블TV, 인터넷업체에서도 채용한다.

How

• 카피라이터에 관심이 있다면 대학 때부터 관련 동아리 활동이나 폭넓은 독서 그리고 작문 등의 경험을 많이 쌓을 필요가 있다.

• 카피라이터로서 처음 취업할 때부터 마음에 드는 회사에 들어가기는 힘들다. 회사가 크건 작건 수십 또는 수백 대 일의 경쟁률을 보이고 있기 때문에 회사 규모에 연연해하기보다는 카피라이터로서 경력을 쌓을 수 있는 곳을 선택하는 것이 무엇보다 중요하며 2~3년 경력을 쌓으면 직장을 옮기는 것은 쉽다.

• 마케팅처럼 시장을 읽는 날카로움과 독창적인 크리에이티브 그리고 문장을 매끄럽게 써내려가는 문장력이 있어야 한다.

연봉

대기업 계열 광고회사의 경우 2,000만 원 이상이지만 소규모 기획사는 그 이하이다. 그러나 프리랜서로 지명도가 높을 경우에는 건당 수입이 발생하므로 고정거래처 2~3곳만 관리하면서도 연봉 5,000만 원 이상을 벌어들이는 프로들도 있다.

구성작가

비드라마 프로그램들의 대본 기획에서 원고까지 담당

What

구성작가는 말 그대로 방송프로그램을 구성하고 대본을 쓰는 사람을 말한다. 장르 별로 작가의 구체적인 역할이 조금씩 다르기는 하지만 대체로 작품의 기획, 아이템, 구성안, 편집 구성안의 작성과 세부대본이라는 일련의 과정을 프로듀서와 함께 진행시키며 방송 프로그램을 시작에서 끝까지 책임진다.

일반적으로 방송프로그램은 크게 드라마와 비드라마의 영역으로 나누어진다. 그중 비드라마는 드라마와 뉴스, 스포츠 프로그램을 제외한 거의 모든 프로그램들, 즉 다큐멘터리, 토크쇼, 종합구성물, 쇼, 오락프로그램 등을 총칭하는데 구성작가는 이 같은 비드라마 프로그램들의 대본을 만들어 낸다.

방송매체의 소프트웨어에 해당하는 구성작가는 날이 갈수록 다양해지는 채널과 방송프로그램으로 더욱 늘어나고 있으며 또한 중요해지고 있다. 초기의 경우 인내력과 끈기가 필요한 직업으로 불릴 만큼 많은 노력을 기울이면서 살아남아야 하는 직업. 하지만 경력이 6~7년 정도만 쌓이면 자유롭고 왕성한 활동이 가능해진다. 공중파 방송가의 구성작가 중 30%에 달하는 인력들이 경력 6년 이상의 여성전문인들이다.

Who

문장력은 기본이며 세상 혹은 사람에 대한 끊임없는 호기심, 새로운 것에의 도전정신이 있는 사람이 적격자. 끈기와 치열함 활동적인 성격 등을 두루 갖춘 사람이 유리하다.

Where

교육센터

구성작가 교육은 여러 개의 사설 교육기관에서 받을 수 있다. 보통 4~6개월 동안 다큐멘터리, 교양, 쇼 프로그램의 구성과 원고작성 위주로 교육을 받는다.

관련기관

한국영상방송아카데미 : www.kacademy.co.kr

서강대학교 KBS방송아카데미 : www.saca.ac.kr

MBC구성작가협의회 : www.mbcwriter.com

취업 및 활동무대

구성작가는 다른 분야에 비해 공개채용이 드물며 대부분 프리랜서로 활동한다. 대체로 6개월에서 1년정도의 자료조사원(scripter) 과정을 거쳐 서브작가, 메인작가의 단계를 밟게 된다.

How

- 사회변화를 읽는 안목과 탐구심, 호기심, 원만한 대인관계 등 끈기와 적극적인 자세가 중요하다.
- 드라마를 제외한 방송프로그램 각 장르에 대해 기획에서 대본 작성까지의 전 과정을 익히고 카메라와 편집 실습을 통해 방

송의 전반적인 소양도 두루 갖춘다.

• 완전 프리랜서 직종인 만큼 인맥관리도 매우 중요하다.

연봉

초기의 경우 다른 직업에 비해 열악한 편이지만 경력을 쌓으면
대우를 받는다.

영화 시나리오 작가

영화 형식에 따라서 문장으로 작성한 각본을 제작하는 일.

What

영화 시나리오는 영화의 각본을 이르는 말로 시나리오 작가는 하나의 스토리를 영화 형식에 맞춰 작성하는 일을 한다. 시나리오만으로 영화화 하기도 하지만 감독이 직접 시나리오를 쓰거나, 여러 작가가 모여 공동작업을 하는 경우도 있다.

영화 시나리오 작가는 기본적으로 영화라는 매체에 대한 깊은 이해가 필요하다. 소설이나 다른 글쓰기가 종이라는 매체 위에서 글을 전달하는 작업이라면, 영화 시나리오 작업은 영상이라는 매체를 전제로 하기 때문이다.

또 단순히 사건을 만들고 대사를 만들어내는 정도로 생각하면 곤란하다. 시나리오 작가는 전체적인 그림을 그려낼 수 있어야 한다. 배우들이 하는 대사뿐아니라 그들의 행동과 주변환경에 대한 묘사는 물론이고, 그 스토리가 속해 있는 전체적인 문맥, 조명, 음악과 사운드 그리고 스토리텔링의 전체적인 페이스와 리듬까지 설정해야 하는 것이다. 그래야만 감독, 촬영감독, 사운드 디자이너 등 실제로 영화를 만드는 모든 사람들이 시나리오작가가 본래 의도한 바를 그대로 스크린에 옮길 수 있게 된다.

특히 영화를 관객 입장에서 생각할 수 있는 것이 중요하다. 시나리오작가는 자신의 작품이 영화로 제작되었을 때 관객에게 어떤 반응을 불러 일으킬 것인가에 대한 확실한 생각이 필요하다.

Who

특별히 공식화된 자격은 없다. 영화에 대해 잘 알고 창조적인 아이디어를 써 낼 수 있는 사람이면 된다. 아직까지 시나리오 수업으로 작가가 되는 일은 드물고, 영화 연출을 희망하는 사람들이 감독이 되기 위한 과정으로 시나리오를 쓰기 시작하는 경우가 많다.

Where

교육센터

대학의 영상 관련 학과는 많이 있지만, 아직 시나리오만 전문으로 하는 학과는 없다. 국문과, 문예창작학과, 영화과, 연극영화과 등에서 기본적인 능력을 쌓을 수도 있고, 영화진흥공사의 학원 등 사설 학원에서 전문 과정을 수료할 수도 있다. 또한 영화진흥공사나 각 영화사에서 주최하는 공모전을 통해 데뷔하는 경우도 있다.

관련기관

한국 영화 아카데미 : http://www.kofic.or.kr

취업 및 활동무대

시나리오 작가는 프리랜서로 안정된 직업이 아니다. 현재 충무로에서 활동하고 있는 시나리오 작가는 줄잡아 50~60명선, 이 가운데 시나리오 전업작가는 고작 10명도 채 되지 않는다.최근 들어 기업에서도 영화업계에 지원해주는 경우가 많기 때에 영화시장이 넓어짐에 따라 시나리오 작가들도 계속해서 늘어 날 것으로 보인다. 강제규 필름이나 우노 필름 등 영화사에서 독자적으로 신인 작가를 발굴해내 전속 작가로 활동하게 하는 경우도 있다.

How

- 대학 때부터 관련 동아리 활동이나 학원을 통해 영상매체에 대한 지식과 작문 등의 경험을 많이 쌓을 필요가 있다. 상상력과 창의력은 물론, 무엇보다도 여러 가지 경험을 통해 글을 쓸 수 있는 모험심도 가지고 있어야 한다.
- 영화 시나리오 작가는 프리랜서로 활동하기 때문에 고정적인 취업처를 찾기 힘들다. 각종 공모전에 관심을 갖고 꾸준히 응모해 보거나 영화 제작 현장에 참여해 활동해 보는 것이 좋다.

연봉

작품당 수입을 받는 것이 일반적이다. 주로 계약을 통해 일을 하고 수입을 정한다. 영화에서는 통상 데뷔 작가의 작가료가 1500만 원에서 1800만 원에 책정이 되고 그보다 낮은 경우도 있다. 각색 작가료는 1000만 원 내지는 그 이하로 책정이 된다.

만화 스토리 작가

만화에 들어가는 스토리와 콘티 작업

What

만화 스토리 작가는 말 그대로 만화의 스토리를 작성하는 일이다. 만화의 경우에는 작화와 스토리를 병행하는 경우가 주였지만, 최근에는 만화 작가들이 작화에만 몰두하고, 스토리는 전문 스토리 작가에게 맡기는 경우가 많아졌다.

만화 스토리 작가 역시 기본적으로 만화에 대한 지식이 필수적이다. 만화 스토리만 독립적으로 있을 수 없고, 또 그 표현이 어떻게 그려질 것인지에 대해서도 생각해야 하기 때문인데, 시나리오 형식으로 작업할 수도 있지만 콘티로 작업하는 경우도 많다. 기본적으로 만화 스토리 작가가 콘티 작업까지 할 수 있어야 경우가 많아 기본적인 그림 실력과 표현능력이 필수.

현재 활동하는 만화 스토리 작가는 만화 프로덕션에서 활동하는 경우도 있지만 많은 경우 프리랜서로 활동하고 있다. 만화작가와의 개인적인 만남이나 출판사에서 연결해 활동하는 경우가 대부분이다.

Who

아직까지는 전문 교육과정이 활성화 되지 않고 있다. 각 출판사에서 공모하거나 사설교육과정을 통하기도 한다. 기본적인 글재주

외에도 풍부한 상상력, 그리고 그 상상력을 그림, 또는 글로 표현해 낼 수 있는 능력이 필요하다. 또 만화는 함축적으로 상황을 표현해 내기 때문에 스토리를 함축적으로 표현할 수 있어야 한다.

Where

교육센터

대학에서 만화 관련 학과를 전공하고 공모전을 통해 데뷔하거나 사설 교육과정을 이용할 수 있다. 각 대학에 애니메이션, 만화 전공 학과가 속속 생겨나고 있지만 스토리 작가 전문과정이 있는 곳은 명지대 사회교육원 정도이다.

관련기관

서울 애니메이션 센터 만화 전문가 과정 : http://www.urimana.com

취업 및 활동무대

만화 스토리 작가는 전문 프로덕션에서 활동하는 경우도 있지만 주로 작가, 출판사와 계약하는 경우가 많다. 99년 출판만화 시장이 활기를 얻으며 스토리 전문작가가 활동할 영역이 넓어졌다. 만화에 대한 감각이 있는 만화 지망생들이 스토리 작가로 많이 편입되었지만, 최근에는 스토리 전문 작가가 속속 늘어나고 있는 추세. 남자를 대상으로 하는 만화의 경우에는 전문 프로덕션이 생겨나면서 스토리 작가를 따로 두는 경우가 많지만, 여성을 대상으로 하는 순정만화류의 전문 스토리 작가 시스템은 아직 활성화되어 있지 않다.

How

• 대학에서 관련 학과를 전공하거나 사설 교육기관에서 교육을

받을 수도 있다. 또한 만화 관련 동호회나 각종 코믹 월드 등의
행사도 열리므로 다양하게 활동해 보는 것이 좋다.

상상력과 창의력은 물론, 무엇보다도 여러 가지 경험을 통해
글을 쓸수 있는 모험심도 가지고 있어야 한다. 또한 스토리 뿐
아니라 만화를 직접 그려보는 것도 필요하다.

• 각종 공모전이나 출판사의 공모에 관심을 갖고 꾸준히 응모해
보거나 어시스턴트로 활동해 보는 것이 좋다.

연봉

작품당 수입을 받는 것이 일반적이다. 주로 계약을 통해 일을 하
고 수입을 정한다. 출판사마다 다 다르지만 보통 그림 작가와 스토
리작가 7:3의 비율로 나눠지고 있지만 상황에 따라 다르다.

Say
말을 청산유수처럼 잘 한다

아나운서

쇼핑호스트

레크리에이션 지도자

숍 매니져

헤드헌터

성공한 사람들 중에는 화술에 뛰어난 이들이 많은 편이다. '말 한 마디에 천냥 빚을 갚는다'는 옛 속담도 있듯이 말을 조리있고 신뢰가 느껴지도록 잘 하는 사람들은 어딜 가도 환영을 받는다.

같은 정보 같은 제품내용을 전달하더라도 듣기 좋고 이해하기 쉽고 진실되게 말하는 사람과 그렇지 못한 사람은 확연히 구분된다. '감언이설(甘言利說)'이 아닌 재치와 지혜가 살아 있는 화술(話術)에 능한 사람이라면 '성격 밝고 목소리 좋다'는 애기를 자주 듣는 사람이라면 말재주가 곧 능력으로 인정받는 직업을 선택해 보자.

방송 프로그램 통해 정보와 뉴스 제공

What

라디오 · 텔레비전 방송을 담당 진행하는 방송인. 뉴스를 시청자들이나 청취자들에게 전달하고 프로그램을 진행하는 사람으로 급변하는 오늘을 사는 현대인들에게 중요한 정보와 새로운 소식을 제공한다.

뉴스프로그램에서는 사건을 보도하는 뉴스진행자나 앵커가 되기도 하고, 건강, 교양, 문화, 시사정보를 다루는 각종 프로그램, 그리고 시청자 참여 프로그램이나 공개 쇼에서 프로를 진행하는 사회자나 MC역할을 하기도 한다. 아나운서들의 업무시간은 진행하는 방송프로에 따라 다양하며 주로 실내에서 작업을 하지만 프로그램에 따라 야외촬영이나 해외촬영을 하는 경우도 있다.

일에 대한 만족도가 높은 편이어서 종사자들의 다수가 만족도는 100%, 아니 그 이상이라고 말한다. "방송 보고 좋은 정보나 활력을 얻는다"는 시청자들의 이메일 등을 받을 때는 정말 하늘을 날아갈 듯 뿌듯하다고 한다. 매일 새로운 사람과 제품을 만난다는 것도 큰 매력이다.

향후 5년 간 아나운서의 고용은 현상태를 유지하거나 증가할 것으로 전망되며 이직이나 전직으로 인한 대체 인력에 의한 고용기회도 발생할 것으로 보인다. 방송관련 직업에 대한 선호가 매우 높기 때문에 취업경쟁은 매우 치열할 것으로 전망이다. 현재 1,000여명(성우포함)의 전문인력이 활동중이다.

Who

4년제 대학 졸업의 학력자로 신문방송학과 및 인문, 사회계열학과를 졸업하면 유리하다. 넓고 풍부한 교양과 지식, 풍부한 표현능력, 정확한 발음능력 등이 필수다.

Where

교육센터

4년제 대학에서 신문방송학을 전공하거나 일반학과 졸업후 방송국 부설 또는 사설전문교육기관에서 보통 4~6개월의 교육을 수료한 후 공채에 응시한다.

관련기관

CBS방송아카데미 : www.cbs.co.kr/munhwa/academy/

MBC방송아카데미 : www.mbcac.com/broadac/pro_show.php

KBS방송아카데미 : www.kbsacademy.co.kr

언론방송/미디어 전문취업사이트 : www.tvjob.co.kr

봄온아나운서 아카데미 : www.bomonana.co.kr

한국언론재단 자료실 : (02) 2001-7114 www.kpf.or.kr

한국아나운서연합회 : (02) 781-3848

취업 및 활동무대

취업처는 TV, 라디오 방송국, 케이블TV방송국 등이다. 공중파 방송의 경우 정규적으로 공개채용을 통해 선발하며, 유선방송의 경우 필요시에 통신이나 해당사 홈페이지나 일간지를 통해 채용공고를 낸다. KBS의 경우 2004년 8월부터는 신입사원 공채 응시 희망자들을 대상으로 '한국어 능력 시험'을 치른다. '한국어 능력 시험'은 그동안 문법과 어휘력 등을 측정해오던 상식 평가 수준에서 벗어나 듣기, 쓰기, 말하기, 독해력, 국문학 지식 등 한국어에 대한 종합적 이해와 사용 능력을 측정하는 문제들로 출제될 예정이다.

How

- 경력을 쌓아 해박한 지식을 갖추고 시사성이 강한 방송프로그램을 진행하는 경우 성공이 빨라진다.
- 방송인인만큼 프로적인 기질과 철저한 자기관리가 생명력을 보장해준다.
- 연기, 노래, 외모 등에도 신경을 쓰면 스타방송인으로 성공하기가 한결 빠르다.

연봉

소속된 방송사에 따라 차이가 있고 각 방송사의 임금규정에 준하여 받으며, 아나운서 역시 방송사의 직원이기 때문에 기본급에 있어서는 입사시기가 동일한 모든 방송국 종사자와 동일하다. 그러나 프리랜서일 경우 출연료는 회당 15만~20만 원선. 인터뷰 시간이나 프로그램 내용에 따라 수입이 달라지는데 30만 원 선이 평균이다. 하지만 잘 나가는 프리랜서일 경우 한두시간 사회에 200만~300만 원의 수입도 올린다.

쇼핑호스트

홈쇼핑 프로그램 진행하는 마케팅 리더

What

홈쇼핑 전문 채널에서 홈쇼핑 프로그램을 진행하는 전문직. 1995년 케이블 TV 개국과 더불어 생겨난 신종 전문직.

쇼핑호스트는 홈쇼핑을 즐기는 소비자들의 구매욕을 잘 포착해 그들 대신 상품을 확인하고 기능, 특성, 장단점 등 정확한 정보를 제공하여 상품 판매를 촉진하는 결정적인 역할을 한다. 대본 없이 100% 애드립으로 진행하는 생방송의 특성상 방송기획력, 상품을 효과적으로 전달하는 프리젠테이션 능력, 시청자를 주문하게 만드는 설득력 등 다양한 능력이 요구된다. 방송이 매출과 연결되므로 철저한 자기관리와 방송 노하우가 요구된다. 유명 쇼핑호스트들은 업체간 모셔가기 경쟁이 일어날 만큼 높은 몸값을 자랑하기도 한다.

Who

전문대졸 이상의 20~30대 남녀. 홈쇼핑의 주 구매자인 주부층의 눈높이를 잘 반영할 수 있는 여성이 인원도 많고 유리하며, 카메라 앞에 서는 직업이므로 말과 표정, 그리고 외모도 중요하다.

Where

교육센터

전문교육기관에서 4개월 과정의 쇼호스트 교육을 마친 후 추천 또는 공채선발을 통해 입사하게 된다.

관련기관

CBS방송아카데미 : www.cbs.co.kr/munhwa/academy

MBC방송아카데미 : www.mbcac.com/broadac/pro_show.php

KBS방송아카데미 : www.kbsacademy.co.kr

KM방송아카데미 : www.koreamedia.tv

취업 및 활동무대

취업처는 홈쇼핑 채널, 케이블TV방송국 등이다. 'LG홈쇼핑'과 'CJ39쇼핑'의 경우 '쇼핑호스트 선발대회' 형식으로 공채를 하며 '우리홈쇼핑'은 서류전형과 실무면접 등의 공채를 통해 선발한다.

How

- 표준어구사, 화술, 경제상식, 심리 등에 대한 다양한 지식이 필요한 만큼 열심히 공부하고 노력하는 자세가 가장 중요하다.
- 전신을 움직이며 진행하는 만큼 건강 · 외모관리도 중요하다.
- 주력 분야를 정해 전문지식을 쌓고 노하우를 만들어야 한다.
- 체계적, 논리적이고 정리를 잘 할 수 있는 능력을 키워야 한다.

연봉

입사 후 6개월 간 인턴 과정을 거치면 2,000~4,000만 원 선.

레크리에이션 지도자

레크리에이션 기획하고 지도하는 사람

What

경기침체로 실업자들이 늘어 났지만 사회 전반적인 분위기가 '일' 중심에서 '여가' 중심으로 변하고 있다. 그만큼 여가 문화의 필요성이 부각되고 있어 이에 따라 생긴 직업이 각종 레크레이션을 기획하고 지도하는 레크리에이션 지도자다.

레크리에이션(Recreation)이란 삶의 재창조에 기여하기 위해 여가시간을 활용하는 것으로 레크레이션 지도자는 고객의 삶을 보다 즐겁고 활기차게 만들어주는 사람이라 할 수 있다.

활동무대는 다양한 편. 기업, 공기관, 청소년기관, 복지기관, 연수원, 병원, 캠프장, 수련원, 요양원, 교육기관, 광고사, 여행사, 서비스센터, 종교단체, 예식장, 미팅사, 방송사 등 다양한 집단의 개관식, 캠프, 운동회, 송년회, 연수, 야유회, 축제, 방송, 신제품발표회, 길거리공연, 컨벤션, 각종 마케팅과 이벤트의 기획과 진행자로 활동한다. 재택근무는 물론 직장인들은 오후나 주말에 활동이 가능하다.

Who

대화 능력, 쾌활함, 리더십, 순발력, 원만한 대인관계를 갖춘 사람. 오랜 시간 동안 서서 사회를 봐야 하므로 튼튼한 체력이 뒷받침되어야 한다. 자격증은 1급과 2급으로 나뉘며 소지하면 유리하다.

Where

교육센터

대학에서 관련 분야를 전공하면 유리하다. 비전공자도 관련 기관에서 일정기간의 교육을 받으면 가능하다. 각 대학에 관련학과가 개설되어 있으며 한국레크리에이션교육협회에서도 교육을 실시하고 있다.

관련기관

한국레크리에이션교육협회 : www.krl.co.kr (080) 249-9000

한국레크리에이션협회 : www.recreation.or.kr

대학 : 서일대학, 대구 경산대학, 명지대학, 주성대학 등

취업 및 활동무대

이벤트사 레포츠회사 등에 취업하여 먼저 경력을 쌓아야 한다. 기획력이 있고 영업력도 갖추었다면 독립하여 프리랜서로 활동하거나 전문회사를 창업해도 좋다.

How

- 레포츠종목 중 한두 가지 정도는 갖고 있는 것이 유리하다.
- 사회변화와 대중의 의식 트렌드 등을 빨리 읽어내고 활동 시 그에 대응하는 프로그램개발 및 진행능력이 중요하다.

연봉

보수는 1회 1~2시간 강사료가 30~100만 원까지 다양하다.

숍 매니저

일선 유통의 전문가이자 총괄책임자

What

숍 마스터란 고객에게 패션정보, 상품정보를 제공하고 코디네이터 역할도 하는 매장 지배인. 일명 '숍 매니저'로 불리는 이들은 대형 유통점들의 매출을 좌지우지할만큼 현장 판매 노하우와 서비스를 갖춘 전문가들이다.

패션분야의 경우 숍 매니저는 각 패션 브랜드들이 매달 일정액을 지급하는 월급제 매니저와 매장 관리 비용은 브랜드에서 지원하고 매출액의 3~4%를 받는 수수료 매니저, 매장 관리부터 직원 월급까지 본인이 모두 책임지면서 매출액의 7~10%까지 가져갈 수 있는 중간관리 매니저 3단계로 나뉜다. 각 백화점 중간관리 매니저 중에는 억대 연봉자들도 10명 정도나 된다.

고객의 체형과 어울리는 디자인과 색상, 어느 정도의 가격대를 선호하는 지 등을 한눈에 척 알아볼 수 있는 고객 관리, 패션 어드바이저 등으로서의 능력 뿐만 아니라 상품량 조절과 매장내 2~3명 직원 관리 등을 무리없이 해나가야 한다.

패션분야에 종사하는 인력이 많은 편이긴 하지만 전자 식품 등 다른 분야의 제품 판매장에도 숍 마스터들은 있다. 따라서 자신이 원하는 분야의 제품 마케팅 분야에서 경력을 쌓으면 된다. 단, 승부욕과 건강, 긍정적인 성격과 치밀하고 전략적인 사고를 가진 이들이 숍 매니저로 성공할 수 있다.

Who

숍 매니저가 되기 위해 특별한 전공이나 과정을 이수해야 하는 것은 아니다. 대부분의 경우, 의류매장의 아르바이트나 계약직으로 시작하여 숍 매니저가 된다. 고객에 대한 서비스마인드와 적극적인 성격이 필수다. 패션은 여성 전자는 남성이 유리하다.

Where

교육센터

백화점이나 대형전문매장에 취업하여 판매원으로 일하면서 다양한 경험을 쌓는 것이 중요하다. 특별히 교육을 시키는 곳은 없다.

취업 및 활동무대

백화점, 의류전문점, 명품전문점, 대형전문점 등이 취업처로 이곳에서 경력을 쌓으면서 몸값을 올려야 한다.

How

- 모델 경력이 있으면 숍 매니저로 일하기가 좋다. 판매하는 옷을 직접 입어 고객이 눈으로 옷의 스타일을 확인할 수 있게 함으로써 판매효과를 높일 수 있기 때문이다.
- 패션감각과 사교성, 영어구사 능력, 언변이 뛰어나면 도움이 된다. 수입 명품브랜드 매장은 경력을 요구하므로 40~50대가 유리하다.
- VIP고객에겐 지극한 정성을 쏟아야 한다. 세일이나 기획상품,

사은품 등 쇼핑 관련 정보를 자세히 알려준다.

연봉

기본급에 보통 매출의 4~5%의 인센티브가 붙는다. 회사마다 조건은 조금씩 달라 인센티브없이 연봉제만 고집하는 곳들도 있다. 능력에 따라 수입은 제각각이지만 고가 구입고객들을 다수 확보하고 있는 숍 마스터들의 연봉은 1억원을 넘기도 한다.

헤드헌터

기업이 필요한 인력 발굴, 소개하는 구인구직 매니저

What

'인재사냥꾼'으로 통하는 헤드헌터는 1990년대 초부터 국내에 등장했다. 기업들의 경기가 성장 확대일로에 있던 당시 해외 우수 인력 및 연구인력을 대상으로 이직 중매장이 역할을 했던 직업. 하지만 2000년대 들어 헤드헌터는 전 직업 그리고 그룹사, 외국기업만이 아닌 모든 기업으로 그 대상이 확대되면서 기업형 헤드헌터 회사들도 생겨났다.

헤드헌터란 기업이 필요로 하는 소수의 핵심인력을 발굴하여 기업에 소개함으로써 취업을 연결시키는 역할이다. 전문가 시대를 맞이하여 기업들은 공채 보다는 인터넷 채용을 택하면서 직접 찾기 힘든 전문분야 인력이나 핵심인력은 헤드헌터에 맡기는 추세여서 향후 전망은 매우 밝은 직업이다. 또 이 직업의 경우 기업 인사 담당자들과 우수인력 데이터만 많이 확보하면 혼자서 재택사업으로도 가능한데다 규모가 커지면 직원 한두명을 고용하여 사업체로 발전시킬 수도 있다는 것이 매력이다.

대기업들의 구조조정과 상시채용, 외국계 기업들의 진출로 인해 고급 인력의 수요가 급증하는 추세에 비추어 헤드헌터의 전망은 밝다.

Who

학력은 전공에 크게 관계가 없으나 다양한 분야에 대한 지식이 풍부해야 하며 1~2개의 외국어에 능통한 사람이 유리하다. 사설 교육 기관 또는 독학으로 공부한 후 한국산업인력관리공단이 시행하는 직업상담사 1, 2급 자격증을 취득하여야 한다.

Where

교육센터

전문가를 양성하는 기관은 현재까지 전무하고 일부기관에서 7 8일간의 교육을 2회 실시하기도 했으나 자격증과는 상관없는 단기 연수로 활동은 어디까지나 본인 스스로의 능력과 노력 여하에 달려 있다.

취업 및 활동무대

고용안정센터와 인력은행 등의 국립직업안정기관 61개소, 공공직업안정기관(281개소) 무료직업안정기관(150개소), 유료직업안정기관(1,625개소), 헤드헌터업체(60개소) 등이 있으며 각급 학교의 취업 지도실 등에 먼저 취업을 한 후 실무경험을 통해 배울 수도 있다.

How

• 계약과 관련된 전문용어들도 잘 숙지하고 있어야 할 뿐만 아니라 워드, 엑셀 등의 컴퓨터 프로그램 및 정보검색 능력을 갖추고 있어야 하며, 특히 대인관계에 있어서 원만하고 부지런해야 한다.

- 헤드헌터업체 또는 취업정보제공 관련업체에 취업하여 실무 지식을 쌓은 후 헤드헌터업체를 창업하거나 전문 분야 인력만을 집중적으로 소개하는 프리랜서로 활동한다.
- 우수인재 데이터 확보가 필수다. 이를 위해서는 차별화된 전략을 기울여야 하는데 온라인·오프라인 작업이 병행되어야 한다.

연봉

전문회사에 취업할 경우 성과급제를 택하므로 능력있는 사람은 연봉 1억원 이상도 가능하다.

Music
음악에 푹 빠졌다

음악치료사
사운드디자이너
작곡가
피아노 강사

   음악적 재능은 노래나 악기연주가 전부가 아니다. 소리를 구분하는 능력이나 음악을 통한 분위기 연출 그리고 새로운 리듬을 창출하는 등 음악세계 속에서 할 수 있는 일은 다양하다.

   무엇보다도 음악을 사랑하고 음악에 대한 관심이 깊다면 자신의 적성에 맞는 음악직업을 찾는 일은 그리 어려운 일만도 아니다. 더욱이 가수나 연주자를 제외한 나머지 영역은 직업으로서 도전하는 이들이 많지 않은 만큼 틈새를 찾아 집중적으로 노력을 기울인다면 프로패셔널리스트로서의 자리를 굳히기가 한결 수월해질 것이다.

음악치료사

음악 이용해 환자 심신 회복 시켜주는 전문가

What

음악은 음악 자체를 통해 즐겁고 흥겨워지거나 개인적인 감상을 위해서만 필요한 것은 아니다. 최근들어 음악은 치료를 위해서도 이용된다. 음악치료가 바로 그것이다.

음악치료사는 음악감상, 노래부르기, 연주, 작곡 등의 다양한 방법으로 몸과 마음이 아픈 사람들의 회복을 돕는 일을 한다. 이들은 주로 병원에서 치료팀의 일원이 되어 정신질환자, 치매노인, 불안증환자, 장애아동 등을 대상으로 일하기도 하지만 경력을 쌓은 사람들은 개인연구소 문을 열고 독립적으로 활동을 한다. 우리 나라는 음악치료가 이제 막 도입단계이므로 향후 전문분야로서 직업 및 사업전망은 매우 밝은 편이다.

현재 국내에는 약 100여 명의 음악치료사들이 활동 중인데 이중 일부는 개인연구소 및 치료센터를 운영하면서 자유롭게 활동하고 있다. 미국의 경우 70여 개의 대학에 음악치료학과가 설치되어 있고 4,000여 명의 공인 음악치료사들이 활동하고 있을 만큼 전문직업으로 자리매김하고 있다.

사회가 발전할수록 심리적 불안증세나 관련 증후군을 겪는 이들은 늘고 있어 향후 전망이 매우 밝은 직업이다.

Who

음악에 대한 조예가 깊은 사람이나 연주 능력을 갖춘 사람으로서 음악치료학 석사학위를 딴 후 '한국음악치료학회'에서 인증을 받아야 활동 시 인정을 받는다.

Where

교육센터

음악치료 대학원(숙명여대, 이화여대, 한세대, 명지대)에서 석사과정을 공부하여야 한다. 이 직업은 오랜 시간동안 체계적이고 다양한 지식을 갖추어야 하므로 입문은 대학입학 이전부터 목표를 설정하여 체계적으로 관련 교육을 받는 것이 중요하다.

관련기관:

한국음악치료연구소 : (02) 3453-3395

한국음악치료학회 : www.musictherapy.or.kr (02) 710-9608~9

취업 및 활동무대

장애기관, 복지관, 특수학교, 요양원, 실버타운, 개인연구소 등이 취업처. 주 20시간 근무로 1회 치료시간은 40분~1시간 30분 정도이며 자격증을 갖춘 사람은 직접 치료센터를 운영할 수도 있다.

How

- 전문가로서의 다양한 지식을 갖추는 일. 상담심리학, 특수아동 심리학 등 음악 외에도 전문적인 지식을 고루 갖추어 치료 효과를 높여야 한다.
- 이 직업은 오랜 시간동안 체계적이고 다양한 지식을 갖추어야

하므로 입문은 대학입학 이전부터 목표를 설정하여 체계적으로 관련 교육을 받는 것이 중요하다.

연봉
음악치료센터 근무 시 2,100만 원 선(취업처마다 각각 다르다)

사운드 디자이너

영화나 광고 분야에서 생생한 소리를 만들어내는 사람

What

집 안방에서 고화질, 고음질의 영화를 즐기는 홈씨어터 마니아가 늘고 있다. 현장감 넘치는 음향으로 자주 인용되는 영화가 '라이언 일병 구하기'다. 총알이 스치거나 물방울이 떨어지는 소리가 마치 전쟁터에 있는 느낌이 들 정도. 이 때문에 DVD 마니아들의 찬사를 받기도 했다. 이처럼 영화나 광고 분야에서는 고급스러운 소리를 위해 사운드 디자이너가 필요했고, 이 직업을 탄생시켰다.

이 직업이 국내에 등장한 것은 10년이 채 안 된다. DVD가 많이 보급되고, 디지털 방송이 시작되면서 입체음향이 보편화되어 수요가 늘 것이다. 이미 미국 등에서는 아티스트로서 대접받고 있다.

사운드 디자이너의 기본 작업은 '소리를 만드는 것'이다. 물론 소리를 지워야 할 때도 적지 않다. 사운드 디자이너는 각종 디지털 장비를 사용하고 녹음, 음향효과, 특수음향 등 소리 부문을 총괄한다는 점에서 기존 음향효과 기사들과는 엄격히 다르다.

Who

특별한 자격 요건은 없으나 2년제 혹은 4년제 대졸 이상의 학력과 컴퓨터 특히 MIDI음악에 대한 기본적인 지식 및 게임 음향에 대한 이해가 가능한 사람.

Where

교육센터

컴퓨터음악과 음향 관련 학원이나 관련 학과가 설치된 대학에서
배우면 좋다. 스튜디오나 업체에서 도제식으로 배우고 나중에 컴
퓨터, 프로그램, 악기 등을 갖추고 프리랜서로 일하는 것도 좋다.

관련기관

사운드디자이너 임정훈 : cafe.daum.net/kiln49

한국게임개발자협회KGDA(Korea Game Developer Association) :

　　http://kgda.or.kr

취업 및 활동무대

게임제작업체, 소프트웨어 개발업체, 영화사, 광고제작업체, 애
니메이션 제작업체, 방송국, 미디음악 전문회사, 게임 프로그램, 솔
루션 개발 분야에 취업하여 경력을 쌓은 후 프리랜서에 도전한다.

How

- 현재까지 국가 공인 자격증은 없으나, 마이크로소프트사에서
  주관하는 Microsoft Certified Solution Developers(마이
  크로소프트 공인 기술전문가 제도)자격증을 갖추면 유리하다.
- 게임, 영화, 광고 등의 분야를 두루 섭렵하기보다는 한 분야를
  택하여 집중적인 기술을 익히고 노하우를 쌓는 게 유리하다.

연봉

취업처에 따라 각각 다르다.

작곡가

인간의 느낌을 음과 리듬으로 표현하는 예술가

What

TV나 라디오, 오디오 등 다양한 방법으로 인간의 감성과 생각에 영향을 주는 음악은 인간의 삶과 문화에 필수요소이다. 음악활동은 작곡, 연주, 감상의 3단계로 구성되어 있으며, 가장 기본적인 활동은 작곡으로 개인의 사상이나 생각을 반영하여 음악활동의 주체인 음악을 연주하고 감상하기 위한 악보의 구성을 담당한다. 과거 대가의 작품에서 추출된 작곡이론을 바탕으로 개인, 시대, 민족, 사회 등 다양한 요소들과 자신의 창작력을 결합하여 음악을 구성한다.

작곡의 방법은 크게 3가지로 보면 편곡을 먼저 하고 반주에 맞추어 멜로디를 만드는 방법, 가사에 멜로디를 덧씌우는 방법, 기타, 피아노 등의 악기로 멜로디를 만드는 방법이다. 작곡은 다양한 사회 요소와 개인의 사상과 생각을 포함한 음악을 창작하는 작업으로 창작력과 뚜렷한 개인적 주관, 사회에 대한 전반적인 이해가 필요하다. 음악은 방송, 영화, 연극, 광고 등 다양하게 활용되고 새로운 노래에 대한 수요가 증가하고 있어 작곡가의 일은 늘어날 전망이다.

Who

멜로디의 구성과 악기의 조화로운 구성을 위해 각종 악기에 대한 특성의 파악과 기본적인 악기를 다룰 수 있는 능력을 지닌 사람.

각 악기의 음을 듣고 음을 해석하여 악보를 구성할 정도의 능력이 있어야 편곡이 가능하다. 작곡은 음악에 대한 감각이 필요한 작업으로 감각을 기르기 위해 다양한 음악을 접해보고 음악에 대한 이론과 실기에 대한 계속적인 학습이 필요하다.

Where

교육센터

대학의 작곡과나 실용음악과에 입학하는 방법이 있다. 많지는 않지만 작곡을 지도해 주는 사설 전문교육기관에서 교육을 받을 수도 있다. 기존 작곡가의 수하에서 배우는 것도 좋은 방법이다.

관련기관

한국 대중음악작가연대 : www.ksws.or.kr

스타라이트아카데미 : www.starlight-academy.com

취업 및 활동무대

대부분 프리랜서로 활동하며 음악관련 교육이나 일을 병행한다.

How

- 대중가요, 종교음악, 클래식, 동요 등 음악분야가 다양한 만큼 관심있는 한 분야를 정해 집중적인 노력을 기울여야 한다.
- 대중가요 작곡가라면 음반기획사나 연예인들이 소속된 프로덕션측과 사전접촉을 통해 인맥을 형성하는 것이 중요하다.

연 봉

정해진 선이 없다. 작곡가의 네임밸류에 따라 결정된다.

피아노 강사

과외처럼 개인 레슨 또는 학원에서 정규직으로 활동

What

피아노 강사는 말 그대로 피아노를 가르치는 일이다. 과외처럼 개인 레슨을 하는 경우도 많지만 학원에서 정규직으로 활동하는 경우도 많다.

피아노에 대한 전문지식은 물론, 가르치는 노하우도 필요한 직업이다. 피아노 강사의 경우 전공자로 지정되어 있으며 피아노 지도사 자격증이 별도로 있다. 학원의 경우 4년제 음대 전공자, 교습소의 경우 2년제 음대전공 졸업자를 채용하도록 되어 있다.

그리고 3급 이상의 피아노 급수가 있으면 유리하다. 피아노 급수 검정은 모두 12개의 급이 있으며 실기시험으로 치러지는데 12급부터 9급까지는 지정곡 중 1곡을 선택하여 연주하며 8급부터 1급까지는 A곡 중 1곡을 선택하여 먼저 연주하고 다음으로 B곡 중 1곡을 선택하여 총 2곡을 연주하게 된다.

피아노 교육은 대표적인 어린이 정서 교육으로 꼽힐 정도로 보편화되어 있기 때문에 이미 활동하고 있는 강사들도 상당수다. 피아노 레슨은 학원이나 교습소에서 하는 경우도 있지만 개인 레슨도 많기 때문에 실력만 있다면 프리랜서로 활동할 수 있다. 실력이 뒷받침되어야 함은 물론이다.

Who

2~4년제 음대 전공자로 피아노 전공자 외에 다른 분야도 피아노 강사로 활동할 수 있다. 콩쿨 등의 입상경력이 있는 것이 좋다.

Where

교육센터

따로 교육기관이 있는 것이 아니기 때문에 각 대학교 음대 졸업 후 학원에 취업하는 경우가 대부분이다.

취업 및 활동무대

교습소와 학원 등에서 활동하며 실기 위주로 뽑는다. 개인 레슨을 하는 프리랜서로 활동할 수도 있다.

How

- 음대 입시가 대부분 피아노를 기본으로 하기 때문에 피아노 급수 3급 이상이면 취업은 어렵지 않다.
- 피아노 실력은 기본이며 가르치는 능력도 필요하다. 학생을 가르치거나 개인 레슨을 하는 경우 성실함이 필수적이다.
- 프리랜서로 활동할 경우 인맥관리와 콩쿨 등의 입상 경력이 필수적이다.

연봉

학원에서 풀타임으로 일하는 경우 80~100만 원까지 다양하다. 개인 레슨의 경우 완전 능력급. 개인의 능력에 따라 천차만별이다.

Design
디자인 소질이 있다

일러스트레이터
편집디자이너
가구디자이너
컴퓨터그래픽디자이너
북디자이너

현대사회는 시각적인 효과가 그 어느때 보다도 강력한 힘을 발휘하는 시대다. 모든 제품들은 디자인의 차별화가 필수이고 책과 웹도 디자인 없이는 살아남을 수 없다.

미(美)적 감각이 남다르고 그림에 소질이 있다는 말을 들어 본 적이 있는 사람이라면 20대 30대라 할지라도 디자인이나 그림의 세계에 도전해보라.

적어도 '나도 한때는 그림 잘 그린다는 소리를 들었는데……' 하는 아쉬움의 말을 흘리는 일은 없을 것이다.

일러스트레이터
내용이나 이미지 시각적으로 표현하는 사람

What

'일러스트레이션(Illustration)'을 줄여서 흔히 '일러스트'라고 부르며 이는 어떤 내용이나 이미지를 시각적으로 더 쉽게 그리고 개성 있게 전달하고자 그린 삽화나 디자인적 표현을 말한다.

일러스트는 고대부터 현대까지 꾸준히 이어져오는 인류의 표현 기법으로 현대에 와서는 순수예술은 물론이고 각종 매체 인쇄물, 웹 디자인, 상업 포스터 및 제품 등 다방면에서 이용되고 있다. 일러스트레이터는 이 같은 작업을 하는 사람들로 과거의 경우 손으로 직접 작업을 했지만 컴퓨터의 발달로 일러스트 프로그램을 이용한 작업이 보편화 되고 있다.

하지만 의외로 단행본이나 특수상품에서는 수작업을 통해 만들어진 일러스트 작품들을 선호하고 있어 수작업과 컴퓨터작업 양자를 겸하면 전문직업으로서 안정된 기틀을 다져나갈 수 있다.

최근에는 게임개발사에도 수요가 많은 편이며 한 게임 일러스터의 경우 PC게임 '창세기전3', '마그나카르타'에서 선보여 그야말로 '환상'이라는 말이 나올 정도로 단순한 게임 일러스트가 아닌 예술성과 대중성을 겸비한 전문가로 평가 받고 있다.

Who

  기본적으로 그림에 대한 기본적인 재능과 감각을 갖고 있어야 하며 컴퓨터 작업을 통해 한 단계 더 부각시킬 수 있는 개성과 아이디어가 필수다. 또 일러스트는 내용의 이미지를 정확하게 전달하기 위한 수단으로서 사용되므로 개성적인 신선함은 물론, 전달하는 내용이나 기능을 통해서 논리성 있는 연구나 객관성도 요구된다.

Where

교육센터

  대학의 미술 및 디자인 관련학과에서 기초 실무를 쌓은 후 취업을 하여 경력을 쌓아 전문가로 거듭나는 것이 가장 좋은 방법. 하지만 속성과정을 통해 익히려면 보통 5~6개월 정도로 짜여진 사설 교육기관의 교육과정 수료 후 취업을 하는 것이 빠르다. 온라인강좌나 개인지도를 받을 수 있는 창구도 많은 편이다.

관련기관

  MBC아카데미디지털교육원 : www.ilovekoit.com
  그린컴퓨터아트학원 : www.click9.co.kr

취업 및 활동무대

  출판사, 기획사, 광고사, 애니메이션제작업체, 잡지사 등이 취업처다. 경력을 쌓으면서 다양한 분야의 아르바이트를 하다보면 프리랜서로 전업할 수 있는 길이 열린다.

How

  • 컴퓨터를 이용한 일러스트와 수작업 일러스트를 함께하는 것

이 유리하다. 출판사들은 수작업을 선호하며 잡지나 광고사, 캐릭터 관련 업체들은 컴퓨터 일러스트를 선호한다. 실력만 갖추면 처음부터 프리랜서로 활동하는 것도 가능하다.
- 예술적 자질이 요구되는 분야인 만큼 부단한 노력과 남다른 창의력이 성공 포인트라고 할 수 있다.
- 출판사와 잡지사들이 주 거래처이므로 아르바이트나 프리랜서 형태로 고정업체들을 만들어 놓는 것이 좋다.

연봉

네임벨류에 따라 수입의 차이도 크다. 일반잡지나 출판사들을 대상으로 활동할 경우 경력 3~4년이면 200~250만 원의 수입이 가능하다.

편집디자이너

원고를 이용해 균형과 시각적 효과 만들어내는 작업

What

정보화시대에도 종이 인쇄물의 수요는 여전하다. 그중 그래픽디자인이나 광고를 제외한 대부분은 편집디자이너의 작업에 의해 만들어진다. 편집디자이너는 글, 그림, 사진 등의 원고를 만들고하는 규격의 인쇄물에 잘 배치시키고 여기에 컬러를 입히는가하면 전체적인 균형과 시각적 효과를 만들어내는 작업을 한다. 일반 잡지나 사보 신문의 경우 편집의 기본을 익히고 이를 수행하는데는 많은 시간이 걸리지 않아 프리랜서로의 독립이 빠른 전문직 중 하나다. 또 맥킨토시 컴퓨터와 프린터, 스캐너 등 장비만 갖추면 재택업무가 가능하며 고정 거래처만 확보되면 외부활동을 전혀 하지 않고서도 가능한 일이다. 때문에 여성들이 선호하는 분야이며 실제로 결혼생활 후에도 집에서 일을 병행하는 이들이 많은 편이다.

출판사나 잡지사에서 2~3년 정도 경력을 쌓은 후 독립하여 몇 개의 고정 거래처만 만들면 안정적인 재택사업이 된다.

Who

전문대졸 이상 학력자로 맥킨토시를 다룰 수 있는 사람. 디자인 감각이 있으면 한결 유리하며 장시간 동안 컴퓨터 작업을 하는 직업인 만큼 인내력과 성실성이 따라주어야 한다.

Where

교육센터

대학에서 컴퓨터나 출판 관련학을 전공하면 된다. 사설교육기관으로 전문학원들이 많은 편이며 이곳에서 맥킨토시 편집디자인 과정을 6개월 정도 교육을 받으면 취업이 한결 빠르다.

취업 및 활동무대

기획사, 신문사, 잡지사, 광고회사 등에 취업할 수 있다. 보수가 적어도 기획사, 출판사에서 1년 이상 경력을 쌓은 후 독립하는 게 빠르며 경력이 많으면 편집대행사를 창업하는 것도 좋은 방법이다.

How

- 창의력과 문장감각. 창의적인 감각의 디자인을 선보이면서 교정·교열까지 일괄적으로 수행하면 네임 파워를 지니게 된다.
- 교정·교열 능력까지 갖추면 출판사 잡지사로부터 환영받는다.
- 경력을 쌓으면서 일러스트와 그래픽 디자인 등을 배우면 보다 광범위하게 활동할 수 있다.

연봉

잡지사, 기획사의 초임은 100만 원 선 이하로 낮은 편. 경력을 쌓으면 임금이 급상승하는 성격을 지녔고, 대기업 계열 잡지사는 대기업 직원들 임금과 동일하다. 프리랜서가 되면 건당 수입이 발생하므로 한 달에 잡지나 사보 한 권만 작업해도 직장인 연봉 이상이 된다.

가구디자이너
제품 디자인은 기본, 제작과정 체크 브로셔까지 제작

What

아름다움과 실용성을 동시에 추구하는 가구는 최근 들어 혼수용 가구 만이 아니라 홈인테리어용가구, 사무용가구 등으로 그 영역이 확대되면서 전문인력 또한 급격히 늘어났다.

가구디자이너의 역할은 제품의 컨셉잡기, 시장 조사, 자료 조사, 제품 스케치, 도면 그리기, 제작 과정 및 제품 검사 등 한 제품이 나오기까지의 모든 점을 일일이 체크하고 확인하는 일. 경력이 많아서 개인사업 형태를 취하는 디자이너들은 중소 가구회사나 인테리어 소품 제작업체 등과 계약을 맺고 신제품 개발을 담당하면서 신제품 카탈로그제작까지 담당할 정도로 가구에 관한 완벽한 전문가들이다.

최근에는 맞춤형 가구 인테리어를 원하는 고객들도 늘고 있어 이에 대한 제품 구입 및 배치, 부수적인 인테리어 디자인 등을 담당하는 맞춤형 디자인 사업을 하는 이들도 있다.

성공한 케이스로는 대학에서 목공예과 졸업 이후 컴퓨터 그래픽에 관한 전반적인 지식을 터득한 후 가구디자인에 뛰어들어 지금은 10년 경력의 베테랑이 된 디자이너 이호준씨. 독립사업으로 시작한지 6년이 된 이씨는 직원과 '미카엘리' 라는 개인숍을 갖추고 있을 정도로 사업 영역이 확대되었다.

프리랜서로 활동할 경우 재택근무가 가능하며 한 프로젝트를 진행할 경우 보통 3~4개월의 기간이 소요되므로 수시로 거래처 영업을 하지 않아도 계약단위가 커서 마음 편하게 일할 수 있는 장점이 있다.

Who

미적 감각, 디자인 기초실력, CAD 등은 물론이고 창의력과 아이디어 발상능력도 갖춘사람.

사설교육기관에서 교육을 받거나 관련학과 전공자가 유리하다.

Where

교육센터

대학에서 미술관련 학과를 전공한 사람이 아니라면 인테리어디자인 학원을 수강한 후 업체에 취업하여 경력을 쌓는 쪽이 빠르다.

관련기관

각 대학 목공예학과, 실내인테리어학과, 디자인관련학과

동방디자인학원 : www.dbad.co.kr

가구공방 목원 : www.mogwon.com

하이미디어멀티캠퍼스 : www.hi-home.co.kr

미카엘리 : www.michaelee.co.kr

취업 및 활동무대

공방 가구회사디자인실 홈인테리어전문업체 등에 취업할 수 있으며 독립을 원한다면 3~5년 근무한 후 프리랜서로 활동하거나 맞춤형가구숍 또는 홈인테리어숍을 창업하면 된다.

How

- 컬러나 소재에 대한 다양한 지식을 쌓아야 한다.
- 독립시에는 디자인실이 별도로 없는 중고가구업체나 인테리어 업체를 거래처로 확보해야 한다.
- 외국의 각종 전시회 등을 통해 트렌드를 빨리 읽어야 한다.

연봉

취업시에는 업체마다 제각각 이다. 경력을 쌓아서 프리랜서로 일할 경우 한 시즌 프로젝트당 1,000만 원에서 1,500만 원 정도의 수입을 얻을 수 있다.

컴퓨터그래픽디자이너
입체영상이나 도형, 공간 설계 및 표현

What

컴퓨터로 표현할 수 있는 디자인과 기술은 무궁무진하다. 전 산업분야에 컴퓨터가 기초장비로 활용됨에 따라 컴퓨터를 이용한 디자인 작업 또한 인기를 누리고 있다.

컴퓨터그래픽디자이너의 업무는 컴퓨터 그래픽작업을 통해 입체영상이나 도형, 공간을 설계 및 표현하고 2D, 3D 디자인 실무자로 최근들어서는 광고뿐만이 아니라 영화, 드라마, 애니메이션에 들어가는 특수효과 및 제작, 제품인쇄, 영상, 설계 등으로 일할 수 있는 영역이 확대되어가고 있다. 전 디자인 분야에 응용범위가 확대되고 있는 만큼 장기적인 직업 안정도는 높은 편이다.

프리랜서로 활동하는 전문가들은 수없이 많으며 성공한 프리랜서들은 직접 기획회사를 운영하기도 한다. 창의력, 기획력, 영업력이 있으면 프리랜서로의 독립이 빠르다.

Who

컴퓨터에 대한 전문적 조작 능력, 미적 감각, 디자인의 각 영역에 대한 지식, 창의력, 아이디어, 기획력 등을 갖추었거나 시각디자인, 산업디자인, 컴퓨터그래픽 등을 전공한 사람.

248

Where

교육센터

대학의 관련학과에 입학하거나 사설교육기관에 입학하여 단기
과정의 경우 4~6개월 장기과정은 2년 정도의 교육을 받아야 한다.

관련기관

디자인취업센터 : www.designer365.com

임프레스 : www.impress.co.kr

취업 및 활동무대

전문업체(광고기획사, 잡지사 등)에 취업한 후 보조작업자로 시
작해서 경력을 쌓는 게 중요하다. 창의력, 기획력, 영업력이 있으면
프리랜서로의 독립이 빠르다.

How

- 무엇보다도 눈으로 보여지는 능력인 만큼 실력을 쌓기 위해
  꾸준한 노력이 중요하며 직장시절 거래처의 담당자들과 좋은
  인간관계를 유지해두는 인맥관리가 필요하다.
- 초년병 시절에는 다양한 경험을 쌓아야 한다. 광고 편집 표지
  디자인 등 다양한 작업을 경험해야만 프리랜서 활동시 유리
  하다.

연봉

취업처마다 각각 다름.

북디자이너

책의 표지 · 본문 편집 디자인 주역

What

북디자이너는 인기 필자와 기발한 기획자와 함께 베스트셀러를 만드는 3대 요소 중 하나로까지 꼽히고 있다. 출판시장은 곧 표지 디자인의 전쟁이라할 만큼 북디자인 중요성은 갈수록 커지고 있다.

북디자이너는 출판될 책의 표지梳뻴 구성 및 그림 등을 편집하고 디자인하는 업무를 담당한다. 출판될 책의 내용에 따라 표지의 적절한 레이아웃과 전체적인 도안을 편집기획자 및 작가 등과 상의하여 결정하여 작업한다.

북디자이너의 경우, 북디자인 대행사 등에 취업하거나 혹은 출판편집기자 등의 업무 경력을 살려 북디자이너가 될 수 있다. 초기에는 내지편집을 먼저 익히면서 출판트랜드와 제작 시스템을 몸에 익히는 것이 중요하다. 이렇게 출판분야에서 업무 경력을 쌓은 후 표지디자이너로 거듭나는 게 일반적인 예다.

현재 출판계에서 활동중인 북디자이너들은 대략 3백명으로 추정된다. 북디자이너는 경력이 많은 경우 웹디자이너, 기획자, 컴퓨터 그래픽담당자, 음반자켓디자이너, 캐릭터디자이너, 광고디자이너, 일러스트레이터 등의 활동을 병행할 수도 있다.

Who

다른 분야 관련 디자이너군의 업무와 달리 출판될 책의 내용을 정확히 판단할 수 있어야 한다. 따라서 4년제 이상의 대졸자로 시각디자인에 관련된 과를 졸업하는 것이 유리하며 디자인 학원이나 컴퓨터 그래픽학원 등을 통해 북디자인에 대한 전문적인 지식 습득이 필수다. 북디자인 관련대행사에서 아르바이트 등의 경험이 있으면 유리하다.

Where

교육센터

대학에서 디자인이나 전자출판 관련 학문을 전공한 후 취업하여 실무에 임하는 것이 가장 빠른 방법이다. 그래픽이나 일러스트레이션 디자인이 강세인 학교를 선택하는 게 유리하다. 사설교육기관은 맥킨토시교육을 하는 편집디자인학원이나 디자인학원이 있다.

관련기관

북디자이너모임 : home.freechal.com/bookdi

취업 및 활동무대

취업처로는 출판사, 광고 제작 업체, 방송국, 기획사, 게임 제작 업체, 신문사, 애니메이션 제작업체, 웹 디자인관련회사 등이 있다. 대형출판사의 경우 북디자이너를 따로 두고 있지만 초보자일 경우 신문사, 잡지사, 사보간행실, 단행본 출판사, 출판물 제작 기획실 등에서 경력을 쌓는 게 중요하다.

How

- 출판시장의 트렌드를 읽을 수 있어야 한다. 표지의 성패는 곧

판매의 성패로 이어진다.
- 자발적인 노력을 통해 해외출판물들의 디자인 트렌드를 먼저 읽어내고 창의력을 발휘하는 능력이 필수다.
- 프리랜서 활동시에는 출판사의 대외적인 인지도나 영업능력을 먼저 파악한 후 손잡고 일하는 것이 중요하다. 아무리 잘 만들어도 서점가에서 진열되지 못하면 무용지물이 되며 디자이너의 이름도 남기지 못한다.

연봉

3년차 연봉을 기준으로 평균 1,700만 2,000만 원 정도이고, 초임은 1,200만 1,500만 원 정도이다. 소규모 출판사나 기획실의 경우는 보통 초봉으로 월 60만 70만 원 정도. 프리랜서로 일하게 되면 표지디자인 한 건당 최소한 50만 원에서 최대 150만 원을 받는다.

Beauty
미(美)적 감각이 있다

컬러리스트
푸드스타일리스트
플로리스트
파티플래너
패션코디네이터

    같은 사물을 보더라도 다른 시각에서 보는 사람들이 있다. 그들은 보통 사람들은 쉽게 발견하지 못하는 숨은 매력이나 특징을 한눈에 알아보기도 하고 무엇이든지 그들의 손이 가면 뭔가 새롭게 달라지고 눈에 띈다.

    색채감각과 균형감각이 남다르고 조화를 연출해내는 사람들, 이런 사람들은 남다른 미(美)적감각을 지닌 사람들이다.

    남들이 쉽게 흉내낼수 없는 시선과 감각 그리고 손재주까지 겸비한 그들에게는 특별한 전문직의 세계가 기다린다. 아름다움을 연출하는 직업세계가 그것이다.

컬러리스트

컬러 연출 통해 부가가치 높여주는 일

What

컬러리스트는 색채 이론 및 실무 분야에 종사하는 전문가로 일부 국가에서는 '컬러코디네이터' 라고 부르기도 한다.

컬러리스트는 디자인, 상품개발, 채색 등 색채관련 프로젝트 전반에 참여하여 조사, 분석, 기획, 디자인, 재규정 검토, 실행, 관리 업무를 수행하여 유 · 무형 상품의 부가가치를 높이는 역할을 하는 색채전문가다. 사람이나 기업, 상품 등의 개성을 살려주는 전문가이며, 컬러 연출을 통해 이미지의 부가가치를 높여주는 일을 한다.

컬러는 디자인이나 재질감보다 감성의 많은 부분을 자극시킴으로써 비주얼적인 이미지와 감성으로 다가오는 느낌을 중요시하는 21세기에는 전망이 매우 밝은 직업 으로 컬러리스트는 컬러와 관계되어 있는 모든 분야에서 폭넓게 활동할 수 있는 장점이 있다.

패션업계의 경우 현재 전문가 20여 명이 활동하고 있다.

Who

연령 성별에 상관없이 미적 센스와 감각, 사회 전반에 대한 시대 흐름을 분석하고 읽어낼 수 있는 관찰력과 통찰력, 컬러에 대한 기본적인 지식을 갖춘 사람. 대부분 미술이나 패션 전공자들이 많은 편이므로 학력은 전문대졸 이상이어야 유리하다.

Where

교육센터

대학에서 관련 학과를 전공하거나 실무교육을 받으면서 한국산업인력공단이 주관 및 시행하는 컬러리스트 기사(1급)나 컬러리스트 산업기사(2급) 자격증을 취득한 후 취업하는 게 유리하다.

관련기관

KCA 한국색채교육원 : www.ilovecolor.co.kr (02) 733-4233

취업 및 활동무대

색채 상품 기획, 소비자 조사, 디자인 등을 하며 건축, 환경 분야, 섬유 패션 분야, 제품 디자인 분야, 그래픽 영상 분야 등 다양한 분야에서 컬러마케팅, 컬러디자이너, 컬러코디네이터, 조색사, 색채교육사, 컬러컨설턴트 등으로 할 수 있다. 지금까지는 컬러리스트의 업무만 담당하는 자의 채용이 많지 않았었으나 색채에 대한 인식이 바뀌어지면서 점차 컬러리스트를 필요로 하는 분위기로 전환되고 있다. 산업기사 자격증을 취득하면 취업이 한결 유리하며 경력을 쌓으면 최고의 전문가인 컬러 플래너로 활약할 수 있다.

연봉

현재는 대부분의 회사에서 일반 디자이너 등이 컬러리스트의 업무를 함께 보고 있는 경우가 많기 때문에 일반 디자이너와 비슷하다. 하지만 경력이 쌓여 전문가가 되면 높은 소득을 올리기도 한다.

푸드스타일리스트

메뉴 선택부터 테이블 코디, 촬영까지 총괄

What

'음식이 아니라 예술'이라는 말이 나올 만큼 방송, 잡지의 고급 레스토랑에서 만나는 음식들은 한폭의 그림같다는 말이 나온다. 이는 음식의 컬러와 디자인 그릇, 소품, 분위기 등 모든 것이 하나로 잘 어우러질때 만들어진다. 이를 가능케 하는 일이 푸드스타일링이고 그 전문가가 푸드스타일리스트다.

푸드스타일리스트는 메뉴 선택에서 그릇, 테이블 코디, 촬영 등 음식의 전반적인 것을 담당한다. 단순히 보면 음식을 예쁘고 화려하게 꾸며주는 사람 정도로 볼 수 있지만, 넓게는 음식과 문화, 소비자 패턴 등을 적절히 조화시키는 창조적인 작업이다. 최근 몇 년 사이 이 직업에 뛰어든 이들이 셀 수 없이 많은 정도로 유망직업으로 각광받고 있다. 장기적으로도 꾸준히 전문가를 요구하는 분야임에 틀림이 없어 일부는 해외유학을 통해 전문지식을 익히고 있다.

T&C 코리아의 김미희 실장은 프리랜서 형태로 일하지는 않지만 이 분야에서는 잘 알려진 전문가로 스튜어디스 직업을 거쳐 새롭게 이 직업을 선택한 후 4년동안 일본 유학까지 다녀왔다. 김실장은 음식을 통해 사람들의 생활을 아름답게 만들어주는 일이 만족스럽다고 한다.

Who

성별 연령에 상관없다. 다만 최근 들어 인기직종으로 급부상하면서 푸드스타일리스트가 되고자 하는 이들이 많아 정규교육을 받은 사람이 유리하다.

Where

교육센터

대학과 사설교육기관 등 전문교육기관에서 교육을 받아야 한다.

관련기관

F&C 코리아 : www.fnckorea.com

푸드스타일리스트 강홍준 : www.kanghongjoon.com

청강문화사업대학 푸드스타일리스트과 : (031) 637-1114

취업 및 활동무대

교육을 받은 후 대형 레스토랑이나 호텔 또는 관련회사에 취업하여 실무경력을 쌓아야 한다.

How

• 가장 중요한 것은 인내와 노하우다. 몇 년 사이에 많은 이들이 뛰어든 직업이므로 인내를 갖고 꾸준히 공부하는 자세와 국내는 초기이므로 자신만의 노하우를 구축하는 것이 중요하다.

연봉

취업체에 따라 각각 다르다.

플로리스트

꽃을 이용 부가가치 창출하는 전문가

What

우리 나라에서도 생활 수준의 향상과 함께 꽃이 일상적으로 이용되고 있다.

호텔, 레스토랑, 예식장, 파티장, 방송국 무대 등 다양한 공간에서 꽃을 장식하는 일이 필요해 지면서 유망직종으로 떠오른 직업이 플로리스트(florist)다. 플로리스트란 플라워(flower)와 아티스트(Artist)의 합성어. 꽃을 이용해 부가가치를 창출하는 전문인이다.

플로리스트란 모던함과 세미 클레식한 스타일을 조화롭게 적용시키며 동시에 실내공간에 맞는 플라워 디자인을 이용한 토탈 인테리어 데코레이션 꽃장식을 하는 사람을 말한다. 꽃이라는 것이 인테리어나 이벤트 등과 동떨어져 있는 것이 아니라 그런 것들과 적절한 하모니를 이루면서 복합적인 구성으로 이루어지는 것이어서 요리나 결혼식 등의 각종 의례, 행사 등에 꽃은 빠지지 않는다. 이런 꽃과 식물을 이용하여 소품과 조화를 시키는 것이 플로리스트가 하는 일이다.

전문 플로리스트가 되려면 전문 교육기관에서 꽃꽂이를 배워 인증자격을 취득한 뒤 플라워숍에서 어느 정도 실무 경험을 쌓고 나서 독립하는 것이 좋다.

국내 대표적인 성공한 케이스이자 선구자로 방식꽃 예술원 방식원장을 꼽을 수 있다. 1960년대 플로리스트로 활동을 시작한 1세대 플로리스트인 방식원장은 독일, 미국 등 해외에서 유학을 통해 다양한 기술과 이론 등을 익힌 후 이 분야 국내 선구자로 활동을 해 온 인물. 현재 플로리스트마이스터 스쿨 등을 운영하고 있다.

Who

특별한 자격요건은 없지만 미적 감각이 뛰어나야 하는 것이 기본이다. 짧은 시간에 대형 꽃 장식을 하는 경우도 많으므로 체력과 순발력도 요구된다.

Where

교육센터

전문 플로리스트가 되려면 전문 교육기관에서 꽃꽂이를 배워 인증자격을 취득한 뒤 플라워숍에서 어느 정도 실무 경험을 쌓고 나서 독립하는 것이 좋다. 강의활동을 병행하고 싶다면 외국 유학을 통해 보다 깊이 있는 공부를 하는 것도 장기적으로는 유리하다.

관련기관

오아시스 플로리스트 스쿨 : www.oasisschool.com

방식꽃예술원 : www.adcollege.co.kr

신라플라워디자인스쿨 : www.mbcacademy.co.kr

우송꽃예술아카데미 : www.koda.or.kr

취업 및 활동무대

플로리스트의 활동 분야는 플라워 디자이너, 스쿨 강사, 플라워 코디네이터 등이다.

How

- 먼저 플라워 숍이나 교육기관 등에서 실무경력을 쌓은 후 독립하는 것이 좋은 방법이다.
- 프로페셔널한 작품을 다루기 위해선 대중성 있는 완성도를 고려해야 한다. 자신의 작품성만을 고집하는 것이 아니라 고객 즉 대중에게 맞춰나갈 수 있도록 평소에도 유행이나 트랜드에 관심을 가지고 디자인적으로 생각하는 것이 중요하다

연봉

직접 플라워숍을 운영하면 수강생지도를 병행할 경우 월 250~300만 원 이상의 수입이 가능하다.

파티플래너
파티 테마 선정부터 진행까지 총 책임

What

21세기로 들어서면서 국내에도 다양한 파티문화가 형성되고 있다. 과거의 경우 특정 시즌 특수 계층에만 파티문화가 있었으나 최근에는 일반인이나 중소기업까지 파티문화가 확산되고 있다. 이같은 파티문화를 선도하는 주인공이 바로 파티플래너다.

파티플래너는 파티를 기획하는 것은 기본적인 업무이고, 전체적인 파티 테마 선정부터 세부적인 프로그래밍, 파티 당일날 파티의 원활한 진행까지 총괄적으로 담당한다. 독립적으로 활동하는 프리랜서들도 있지만 전문적인 대행업체인 파티 컨설팅 회사도 생겨나고 있다.

보통 파티플래너는 사교적이며 창의적인 성격을 가지고 있는 것이 좋다. 적극적으로 사람을 대할 수 있으면서, 다양한 파티 경험을 통해 새로운 아이디어를 계속 낼 수 있는 이들이 경쟁력이 있다.

최근들어 이 직업의 인기는 매우 높은 편이다. 일의 특성상 즐거운 마음으로 일할 수 있는데다 겉으로 보기에는 화려한 직업으로 젊은층에게는 매력적인 직업이기 때문이다. 하지만 자신의 적성이나 능력을 고려해 본 후 선택해야 한다.

Who

자격제한이나 전공제한이 없지만 기획력, 창의력, 아이디어, 활동력 등을 고루 갖춘 사람이어야 한다. 파티에 필요한 주요 요소 중 하나가 음식과 인테리어기 때문에 요리, 실내디자인을 전공한 사람들이 파티 관련 분야에서 많이 활동하고 있는 편.

Where

교육센터

대학의 평생교육원 과정과 파티전문가들이 이끄는 양성기관이 있다. 대학에서는 이벤트 관련학과나 홍보 관련학과, 그리고 국제회의 전문가과정을 수료하는 것이 실무에 유리하다. 전문가 밑에서 보조역할을 통해 배우는 것도 지름길이다.

관련기관

파티플래너닷파티 : www.wwwparty.net

파티즌 : www.partizen.com

숙명여대 평생교육원 파티플래너전문가과정 :

　　　http://open.sookmyung.ac.kr

한국파티문화협회 : www.party21.co.kr

취업 및 활동무대

파티컨설팅업체나 이벤트업체에 취업하여 경험을 쌓은 후 독립하면 된다. 일부 전문기관에서는 인턴쉽 채용도 하고 있어 이런 기회를 잡으면 전문가로 발돋움하는데 유리하다.

How

- 신선한 아이디어를 구체적인 이벤트로 보여줄 수 있는 능력이 필요하며 영업이 중요하므로 사람에 대한 따뜻한 관심과 배려하는 인간관계가 필요하다.
- 경력을 쌓아 파티스타일링, 화보나 CF촬영을 위한 작업, 레스토랑 메뉴플랜 및 컨설팅, 교육기관 운영이나 강의 등 다양한 일로 영역을 확대시키는 것도 좋다. 인턴쉽이나 취업으로 현장 경력을 쌓는 것이 중요하다.

연봉

직접 프리랜서로 일할 경우 보통 전체 진행비의 15~20%를 보수로 받는다. 직원으로 일할 경우 보수는 업체마다 다르다.

패션코디네이터

가장 잘 어울리는 패션 스타일을 연출해 주는 사람

What

패션 코디네이터는 일명 패션 스타일리스트로 불리기도 하는데 주된 업무는 의상을 비롯한 여러 가지 소품들을 적절히 이용하여 사람의 개성에 맞는 새로운 스타일을 만들어 가는 일로 개인의 신체, 활동무대, 조명 등을 철저히 고려하여 스타일을 창출한다. 대부분 여성들이 이 직업에 참여하고 있으며 가장 주된 활동 무대는 단연 방송가로 주로 가수나 탤런트 또는 영화배우들의 토탈 코디네이션을 담당하고 있다.

코디네이션은 비싼 명품으로 브랜드를 입히는 사람이 결코 아니다. 중요한 것은 브랜드나 스타일에 대한 편견없이 코디네이션 대상에게 가장 잘 어울리는 패션을 연출하는 능력이다.

일반인들도 코디 상식쯤은 다 꿰고 있을 정도로 옷입기에 대한 관심은 매우 중요한 생활의 하나이며 각종 잡지에서 패션 코디네이션이 단골 메뉴가 됐다. 이에 따라 이제 패션 코디네이터의 손길이 미치지 않은 곳이 없을 정도로 이 직업은 인기 직종이 되었다. 특히 미적 감각이 있는 여성들에게 선망의 직업으로 꼽히고 있다.

현재 정확한 통계는 없지만 현장에서 뛰고 있는 패션 코디네이터는 수백 명에 이르고 있다.

Who

능력과 경력이 중시되는 직종이다. 패션 코디네이터가 되기 위해서는 의상디자인학과나 의류학과, 섬유공학과, 직물학과 또는 미대 출신이 유리하다. 미용사와 메이크업 아티스트 자격증 소지자라면 더욱 유리하다.

Where

교육센터

대학에서 의상관련 학과를 전공하는 것이 좋으며 빠른 코스를 원한다면 패션전문 학원에서 디자인 과정과 함께 코디네이션 코스를 배우면 된다. 학원마다 차이가 있지만 대개 초보자는 1년, 관련 학과 출신자는 6~9개월의 과정을 밟으면 된다.

관련기관

국제패션디자인 학원 : www.kookjefashion.com

코오롱패션산업연구원 : www.fik.com

취업 및 활동무대

연예인들의 전문코디네이터를 비롯해 TV방송, 광고, 잡지, 화보 등의 분야가 주 활동무대다. 이외에도 매장에서 숍마스터로 일할 수도 있고 정치인이나 유명인 한 개인의 이미지를 메이킹 해주는 일도 한다.

How

- 수많은 영역의 스텝들과 함께 일을 하고 의류업체나 숍에서 옷을 빌려와야 하기때문에 대인관계를 위한 인간성과 예의가

중요하다.
- 패션에 대한 전반적인 지식, 패션경향, 폭넓은 상품정보, 현장 감 있는 작업환경을 순발력있게 이끌어 갈 수 있는 능력 등을 꾸준히 길러야 한다.

연봉

보통 초봉이 월 65만 75만 원 수준으로 매우 낮은 편. 그러나 1년 정도의 경력이 쌓이면 월급여는 90만 원 정도로 올라가고 1년이 넘으면 2백만 원 정도 받을 수 있다. 프리랜서로 일하려면 적어도 1년 이상의 경력이 필요한데 유명한 프리랜서는 수백만 원대의 월수입을 자랑한다.

Active
카메라를 좋아하고 활동적이다

사진작가

VJ(비디오저널리스트)

카메라엔지니어

아름다운 영상은 곧 예술이다.

시대의 사실을 그대로 담은 사진은 역사 그 자체다.

영상예술에 관심이 많아 카메라를 아끼고 사랑하는 활동적인 사람이라면 자신의 관심을 보다 많은 대중들 앞에 선보일 필요가 있다.

작업과정은 결코 쉽지 않지만 세상에 알려지지 않은 많은 것들을 담아 생생하게 전달하는 일이란 그 가치를 크게 인정받을 수 있는 일이다.

사진작가

제품광고, 카탈로그 제작, 잡지 · 사보 · 단행본 표지 등 촬영

What

시대가 흘러도 변하지 않고 수요가 꾸준한 분야 중 하나가 사진 촬영 대행이다. 디지털 영상물 시장이 커지고 있지만 이 또한 전문가의 촬영이 그 첫 단추이기 때문이다.

사진작가 하면 예술성을 먼저 운운하는 이들도 있겠지만 예술사진 전문가들은 일부이고 대다수는 상업사진을 담당한다. 제품광고, 카탈로그 제작, 잡지 · 사보 · 단행본 표지, 화보집 등을 비롯해 신혼부부앨범, 아기앨범 제작 수요도 늘고 있다. 바로 이런 대상물에 들어갈 사진촬영을 담당하며 앨범 제작시에는 편집까지 일괄적으로 진행한다. 다른 전문직에 비해 갖추어야 할 장비가 비싸기는 하지만 작업비용도 비싼 편이어서 네임 파워가 생기면 그야말로 고객이 줄을 선다. 최근에는 잡지, 신문 등 매체들이 기자를 프리랜서나 아웃소싱 형태로 활용하고 있어 활동이 보다 자유로워졌다. 현재 왕성한 활동을 하는 프리랜서형 사진작가 손철희씨는 대학에서 사진학과 졸업 후 스튜디오를 운영하면서 기업상품, 음식 등을 전문 촬영하는 한편 잡지 보도용 사진 촬영까지 영역을 넓히고 있다.

Who

대학에서 사진을 전공했거나 사진에 관심있는 사람이면 누구나

가능. 전문적인 성격이 강하므로 먼저 기초실무를 알아야 한다.

Where

교육센터

대학에서 사진을 전공하거나 전문가 밑에서 보조작가로 활동하면서 경험을 쌓아야 한다. 전문학원을 다녀도 되지만 대학에 관련 학과가 많아 취업 및 스튜디오운영시 프로필도 중요한 몫을 차지하므로 나이가 들어도 대학에서 먼저 공부를 하는 게 유리하다.

관련기관

각 대학 사진학과

취업 및 활동무대

잡지사, 신문사에 취업하여 실무를 쌓거나 스튜디오에 취업하여 경력을 쌓을 수 있다. 4, 5년 후부터는 프리랜서로 활동하면서 경제력이 구축되면 스튜디오를 여는 형태가 일반적이다.

How

- 한 분야를 특화시키는 전략으로 다양한 경력과 개인기가 중요하다.
- 프리랜서나 스튜디오를 갖춘 전문가 형태로 활동하므로 거래처확보 및 관리가 매우 중요하다.

연봉

경력에 따라 큰 차이가 있다. 스튜디오 입사시 첫해는 80~100만 원 선이다.

VJ (비디오저널리스트)

6mm카메라로 특정 뉴스거리나 다큐멘터리 직접 제작

What

6mm카메라 들고 다니면서 자유롭게 자신이 찍고 싶은 것들을 찍어다가 제작, 편집, 시나리오 등을 총괄해서 영상물을 만들어 그것을 방송사에 제공하는 사람을 말한다. 대개 VJ들은 그들이 소속된 별도의 프로덕션이 있거나 프리랜서로 활동하게 된다.

VJ는 기존 방송사 기자들과는 달리 기동성을 갖추고 있다는 것이 큰 특징. 디지털 캠코더 하나만 둘러메고 세상의 곳곳을 휘젓고 다니면서 뉴스를 생동감 있게 전하는 이를테면 게릴라 시스템이다. 9 · 11 테러 현장을 생생하게 담아낸 것도 바로 기존 방송사의 카메라 기자가 아닌 VJ의 '작품' 이었다고 한다.

최근 몇 년사이에 국내 미디어환경이 다매체少矛쌔 시대로 접어들면서 VJ들의 활약이 커지고 점차 다양해지고 있는 추세다. 일부 방송의 경우 VJ들이 제작한 것들만을 모아 만든 프로그램이 인기를 끌고 있는 상황이다.

공중파 방송사들이 '저단가 대량생산 체제' 의 일환으로 VJ 시스템을 도입, 예산 절감의 효과를 얻긴 했지만 진정한 저널리즘은 쇠퇴하고 있다는 지적이 있다. VJ들도 나름대로 저널리즘 정신을 추구해야 한다는 지적이지만 우리의 방송 환경은 현재 VJ 시스템을 도입하고 있는 방송사들의 VJ들에게 자체 편집권을 주지 않는 것을 저널리즘 강화의 근본적인 걸림돌로 거론하는 이들도 있다.

Who

특별한 자격제한이 없다. 무엇보다 알리고 싶다는 기자의식과 열정이 있으면 된다. 주변에 대한 진지한 시선과 이를 영상으로 전달하기 위한 감각이 필요하다. 단, 촬영에서 편집, 리포팅까지 시스템 자체가 일인 다역이기 때문에 자기자신에게 많은 능력을 요구한다.

Where

문화센터나 언론관련단체, 대학, 방송국 등에서 비디오저널리스트 과정을 개설해 놓고 있다. 3개월~6개월 과정의 교육을 받으면 기초 실무를 익힐 수 있다.

관련기관

한국비디오저널리스트협회 : www.vjnews.org

한겨레신문사문화센터 : http://www.hanter21.co.kr

중앙방송 Q채널 : http://www.qchannel.co.kr

취업 및 활동무대

TV방송사, 케이블TV 방송사, 인터넷방송,

How

- 저널리스트로서 갖추어야 할 기자라는 직업의식이라든지 신문이나 세상 돌아 가는 일, 신문지면의 독자의 소리 등 자료를 많이 접하는 것이 필요하다.

- 경력이 쌓이면 한 분야를 정하여 해당분야에 대해 집중적인 활동을 하는 것이 전문가로 성장하는 데 지름길이 된다.
- 향후 수요가 많은 만큼 프로그램 제작전문회사를 운영하거나 교육사업으로 확대시켜가는 것도 좋다.

카메라엔지니어
방송현장에서 영상 제작하는 역할 수행

What

카메라맨은 촬영의 목적에 따라서 TV카메라맨, 광고촬영기사, 영화촬영기사로 나뉜다. TV카메라 맨은 보도영상과 드라마 등 오락물의 영상을 찍는다. 광고 촬영기사는 음악비디오, 광고용비디오 등을 촬영하고, 영화촬영기사는 영화촬영기를 설치하고 조작하는 업무를 하게 된다. 각기 활동 분야가 다르기 때문에 담당하는 촬영에 따라 포인트가 다르다.

TV카메라맨은 크게 스튜디오/중계와 ENG야외촬영으로 나눌 수 있다. 스튜디오 촬영이나 중계의 경우 TV스튜디오나 야외 보도 행사장, 스포츠경기장, 공연장 등에서 제작되는 방송의 영상을 제작한다. 여러 명의 카메라맨이 함께 팀웍을 발휘해야 하기 때문에 프로그램의 흐름을 명확히 이해해야 하며 각 포지션별 역할을 해야 한다. ENG야외촬영은 다큐멘터리나 드라마, 교양프로 등의 야외촬영분을 담당하게 되고, 스튜디오카메라와 달리 촬영감독 개인이 모든 촬영에 관한 사항을 체크하고 영상을 구성한다.

영화의 경우는 주위의 환경과 배우의 움직임이 조화를 이룰 수 있도록 유의하며 특수장비의 효과가 최대한 살아날 수 있도록 하는 노력이 필요하다. 따라서 각 매체의 특성에 맞게 영상을 감각적으로 구성해내고 공감을 끌어내고 주목하게 하는 것이 중요하다.

작업의 특성상 휴일의 개념이 없어 명절을 못 쉬는 경우도 부지기수. 그리고 디지털 영상 기술이 발달하는 등 기술 여건이 하루가 다르게 발전하고 있기 때문에 관련 기술을 항상 공부하고 알아두어야 하는 부단한 노력이 필요하다.

Who

특별한 자격증을 필요로 하지는 않지만 긴 수련기간을 거쳐야 전문인으로서 인정받을 수 있다. 그러나 방송사의 카메라 맨이 되기 위해서는 2년제 대학 이상의 학력을 지녀야 하고 기술적인 면에서 실력을 갖추어야 한다. 카메라만을 전문적으로 배우는 학교는 없고 사설 학원에서 이에 대한 기술을 따로 배우는 경우가 있다. 채용시 주로 실기능력과 전문지식, 적성, 창의력, 태도, 추진력 등을 중요시하는 경향을 보인다. 카메라 맨에게 있어서 가장 중요한 것은 뭐니뭐니 해도 섬세한 영상감각과 아이디어다. 기계 조작술은 금방 손에 익힐 수 있지만 예술적 감각은 오랜 시간 공을 들여야 하므로 영화나 연극을 많이 보며 감각을 키우는 것이 좋다.

Where

교육센터

대학에서 사진, 영화, 영상관련학과를 졸업하고 취업을 하거나 학원이나 동아리활동을 통해 카메라의 작동 원리와 영상미학을 공부한 후 취업하기도 한다. 학원의 경우 각 방송사 아카데미마다 과정이 개설되어 있으며 전문 교육기관으로는 각 대학의 영화학과나 영화진흥공사가 운영하는 한국영화아카데미, 국립영상원, 한국영화촬영감독협회가 설립한 한국영화기술교육원, MBC 아카데미, SBS 방송아카데미, 서강대학교 방송아카데미 등이 있다. 이들 기관의 교육은 보통 3개월의 이론교육과 3개월의 현장 실습으로 이루어지며, 주로 연출이나 영화이론 위주로 촬영은 기초적인 기술 정도를 가르치는 수준에 머무르고 있다.

관련기관

한국방송카메라맨연합회 : www.utc.or.kr

한국방송아카데미 : www.kbatv.co.kr

한국광고영상제작사협회 : www.koreacf.or.kr

취업 및 활동무대

방송국과 케이블 TV, 영상 프로덕션, 광고대행사 등 다양하다. 방송국은 공개채용시험에 응시해야 한다. 공중파 방송은 4년제 정규대학 졸업자에 한하고 서류전형, 필기시험, 논술, 종합 교양, 면접 시험을 치른다. 요즘 비디오 저널리스트(VJ)의 활동도 활발하다.

How

- 학원이나 동아리활동을 통해 카메라의 작동 원리와 영상미학을 이해하는 것이 좋다.
- 경험을 통한 능력이 필요한 직업이기 때문에 보조 카메라맨에서부터 실무를 배우는 것이 중요하다. 공중파 방송국은 신입을 아예 뽑지 않는 경우도 많으므로 경력을 쌓는 것이 필요하다.

연봉

주요 방송사는 2,000만 원 이상이지만 그 이하인 경우가 많다.

| 부록1 | 성공한 프리랜서 기자들

　프리랜서 활동은 누구나 할 수 있는 일이다. 하지만 아무나 성공하는 길은 아니다.
　직업에 대한 열정
　남다른 의지와 체력
　다년간 경력을 통해 쌓은 노하우
　이런 것들이 하나로 합쳐지면 프리랜서의 길은
　저절로 성공의 문이 열린다.
　이름 석자를 자신있게 내보이는 프리랜서들, 과연 그들은 누구일까?
　현재 프리랜서로 왕성한 활동을 벌이고 있는 프리랜서 4인방을 만나보자.

사진기자 손철희
자유기고가 신현주
자유기고 · 번역프리랜서 이화정
가구디자이너 이호준

사진작가 손철희

끊임없는 자기 개발만이 살 길이다

신구대 사진과 졸업
제일기획 사진팀 2년
기획사 스튜디오 2, 3군데 5년
프리랜서 2년
'머스트웰' 스튜디오 3년 운영
현재 잡지, 기획사 등에서 사진 작업

압구정동 주택가 골목을 비집고 들어가면 '머스트윌'이라는 작은 간판이 보인다. 이곳이 바로 사진작가 손철희씨의 스튜디오. 총 80평 규모의 작업실을 세 명이 공동으로 사용한다. 사진하는 선배와 후배가 모여서 공동의 공간 안에 각각 자신들의 공간을 만들어 작업을 하고 있다.

고등학교 때부터 사진에 대한 관심이 많았다는 손철희씨는 집에 있던 수동 카메라를 이리저리 만지다가 사진에 매력을 느껴 사진 전문가가 된 케이스. 처음에는 사진학원을 다니면서 공부를 시작했다.

1980년대 초반. 당시는 수동 카메라를 가지고 있는 것만으로도 대단했던 시절이었다. 게다가 사용하기 힘든 수동 카메라로 초점이 잘 맞는 사진을 뽑아내는 그의 능력은 인기만점이었다.

이렇게 사진과 인연을 맺은 그는 이미 1980년대 부터 유명세가 대단했던 신구대학 사진과에 입학하여 전문가로서의 문을 열었다. 학교를 졸업하고 입사한 곳은 제일기획 사진팀. 대외적으로 잘 알려진 굴지의 광고기획사인 이곳에 당당히 취업한 그는 2년 정도 광고 사진작업을 했다. 그리고 충무로의 모 스튜디오에서 4~5년 간 일하며 실력을 키웠다.

스튜디오에서 실장급으로 일하던 그는 IMF 시절 우연한 계기로 프리랜서에 입문하게 됐다. 본래의 계획보다 1~2년 앞당겨진 일이었다. 스튜디오에서 실장급으로 일한 덕분에 인맥 형성이 잘 되어 있었다. 프리랜서로 처음 일을 시작할 때는 그 인맥의 도움으로 일을 얻을 수 있었다. 하지만 프리랜서가 늘 인맥만 믿고 일할 수는 없는 일이기에 그는 회사소개서와 포트폴리오를 통해 자신을 알리면서 거래처를 늘려나갔다. 초창기에는 따로 작업실을 갖추지 않고 기본장비만으로 1년 반 정도를 일했다. 작업실을 따로 갖추고 있지 않아 관리비를 비롯한 부수적인 비용이 들지 않았다. 이것도 초창기 하나의 방법이었다. 필요경비를 최소화시킴으로써 목돈을 마련하기 위한 저축을 많이 할 수 있었다.

얼마의 돈이 모아지자 그는 선후배와 함께 스튜디오를 차렸다. 작업장은 하나지만 공동의 세트 공간으로 세 명이 서로 스케줄을 조정하여 사용한다. 그리고 스튜디오 내에 각자의 사무공간을 만들어 서로 방해받지 않고 독립적으로 활동한다.

스케줄이 중복될 때는 다소 불편하기도 하지만, 함께 프로젝트를 맡아 같이 일하기도 편하고 장비도 쉽게 빌릴 수 있는 장점이 있다. 더욱 좋은 것은 서로에게 좋은 조언자가 되어줄 수도 있다는 점. 또한 넓은 공간을 쓸 수 있으면서 운영비는 3분의 1로 해결할 수 있어 일하는데 덜 부담스럽다고 한다. 이러한 이점들 때문에 사진작가들의 경우 서너 명이 하나의 작업공간을 공동으로 활용하는 예가 흔한 편이다.

현재는 잡지의 사진뿐만 아니라 광고 사진, 단행본 사진 등 여러 가지 작업을 맡아 일하고 있다. 잡지의 경우는 꾸준히 일이 있으나 광고의 경우 일회성이 많다. 일마다 기간도 제각각이어서 하루 만에 끝나는 일에서부터 길게는 1년까지 걸리는 일도 있다고. 일반 기업고객들도 그에게는 소중하지만 잡지나 기획사야말로 없어서는 안 되는 거래처다. 뭉칫돈은 아닐지라도 일회성이 아니고 장기적이기 때문에 꾸준히 일이 이어진다. 이는 다시 말해 안정된 수입을 유지하는데 큰 도움이 된다는 말이다.

모든 프리랜서의 수입이 그렇듯 그의 수입도 일정하지는 않다. 그러나 사진의 경우는 다른 분야에 비해 변동 폭이 심한 편. 광고의 경우 액수가 크기 때문에 한달에 최하 200만 원에서 1천500만 원까지 금액의 차이가 크다.

손철희씨는 사진 중에서도 특히 음식, 패션광고, 기업제품 등의 사진에 있어서 남보다 능력이 뛰어난 편. 매사에 진지하고 섬세한 그의 스타일만큼이나 사진작업을 하는 내내 그는 신중을 기한다. 보통 때는 범생이 스타일의 젊은이지만 카메라만 손에 잡으면 무서운 집중력으로 프로기질을 드러낸다.

그는 말한다. 프리랜서라고 해서 복장과 시간의 자유를 만끽할 수 있어 좋지만, 자기계발을 게을리해서는 안 된다고 강조한다. 직장생활 속에서는 자연스럽게 정보를 얻어낼 수가 있지만 프리랜서는 적극적으로 정보를 찾으러 다니지 않으면 도태될 수밖에 없다는 것. 또한 혼자서 다양한 정보를 찾아내야 하기 때문에 이러한 노력 자체가 힘들다고 프리랜서로서의 고충도 이야기한다.

이 일을 시작하고자 하는 사람들에게 그는 처음부터 한 가지만 고집하지 말고 여러 가지 사진찍기를 시도해 보라고 권한다. 사진은 다양한 분야로 많이 세분화되어가고 있고 전문화하는 추세이지만 처음부터 한 가지만 고집하다가 자신에게 맞지 않은 경우에는 원점으로 되돌아가야 하는데다 프리랜서로 활동한 경우 능력의 한계에 부딪힐 수도 있기 때문이다. 따라서 초기에는 다양한 사진을 고루 배우고 익히면서 자신의 주특기 사진 하나를 만들어가는 게 유리하다.

그래서 그가 가장 강조하는 한마디는 "다른 사람들의 시각에도 귀를 기울여라. 그리고 자신에게 잘 맞는 사진 분야를 선택하여 그 것을 주특기로 확보해라"는 것이다.

프리랜서 사진작가
손철희에게서 배우는 성공키워드

하나, 늘 스스로 먼저 준비해라

준비되어 있지 않은 사람에게 기회는 오지 않는다. 그의 성공에는 짧지 않은 경력 속에서 쌓은 인맥과 실력이 뒷받침되어 있었다. 기존에 일하던 곳부터 거래하던 곳까지 인맥 관리가 잘 된 덕분에 어렵지 않게 일을 받아 할 수 있었다. 또한 한 다리 한 다리 건너면서 다양한 거래처를 만날 수 있는 기회도 얻었다.

둘, 고객의 입맛을 만족시켜라

포트폴리오 역시 기존에 작업한 것들이 아닌 고객이 요구하는 것에 꼭 맞는 포트폴리오를 준비하여 홍보를 한 까닭에 보다 쉽게 새로운 거래처를 확보할 수 있었다. 대부분의 사람들이 자신이 찍어오던 것을 내놓던 것에 반해 새로운 기법을 통해 따로 고객의 입맛에 맞는 포트폴리오를 만들어 고객을 사로잡을 수 있었다.

셋, 성공의 핵심이 되는 것은 끊임없는 자기 계발이다.

현재에 만족하기보다는 끊임없이 공부하고 노력하여 정보를 찾아내는 일이 필요하다. 편한 생각만으로 프리랜서에 뛰어든다면 1, 2년 후에는 다른 사람들과 분명히 차이가 생길 것이라는 것이 그의 생각이다.

강원대 국문과 졸업
경기일보 취재기자 2년
도서출판 삼영 4년
고려원 편집장 1년
출판그룹 풍경 2년 운영
현재 좋은 엄마, 좋은 아빠, 월간 기업나라, 월간 수레바퀴, 포스코 건설 사보 등에 기고 현재 다섯 군데의 잡지사에서 객원 기자로 활동하고 있는 신현주(40세)씨. 잡지사 모두 몇년씩 꾸준히 활동해온 곳으로 이 정도면 인정받은 자유기고가라 할 만하지만 그는 아직도 글 쓰는 일이 제일 힘들다고 말한다.

신현주씨는 여러 군데에서 잠깐씩 글을 쓰는 것보다 한 매체에서 오랫동안 글을 쓰면서 실력을 다진 케이스. 신문사와 출판사에서 경력을 쌓으면서 기본을 다진 후 출판기획사를 열어 자유기고가로서의 업무도 병행하고 있다.

첫발을 내디딘 곳은 강원대 국문과를 졸업하자마자 곧장 입사한 경기일보였다. 지금이나 예전이나 국문과 학생들에게 기자는 선망의 대상이었다. 그런 점에서 취재기자로서의 사회 첫 출발은 일단 성공이었다.

초년병 기자시절 그는 취재와 원고작성 이라면 꿈속에서도 연습을 할 만큼 강한 트레이닝을 받았다. 이는 그에게 글 쓰는 훈련이 되었고 지금 자유기고가로서 일할 수 있는 소중한 밑거름이 되었다.

출판사로 이직한 그는 그곳에서 4년여의 경력을 쌓은 후 고려원의 편집장으로 자리를 옮겨, 늘 책과 함께 글과 함께할 수 있었다. 그러나 신현주씨는 일을 지독하게도 즐기는 스타일의 사람이었다. 편집장을 지내면서도 신문이나 잡지의 칼럼을 기고하는 등 잠시도 글 쓰는 일을 멈춘 적이 없었다. 이렇게 보낸 신문사와 출판사에서의 경력은 그가 프리랜서로 왕성한 활동을 할 수 있는 실력을 만들어준 것이다.

프리랜서를 선택한 것은 지난 1998년도. 잘 나가던 대형 출판사인 고려원이 어려워지면서 그는 본격적으로 프리랜서 선언을 했다. 그는 처음 프리랜서를 시작할 때 다른 사람들과는 다르게 인맥을 이용하지 않았다. 인맥을 이용하지 않아도 충분히 일할 수 있다는 자신감이 있었기 때문이다.

그는 스스로 새로운 거래처를 찾아 나섰다. 처음 자유기고가가 되고자 할 때는 어떻게 해야 하는지 방법도 잘 몰랐다는 신현주씨는 무작정 '경기일보 취재기자, 도서출판 삼영, 고려원 편집장' 이 세 줄의 경력만 써서 객원기자들을 두고 있는 잡지사로 메일을 보냈다. 무엇보다도 그의 탄탄한 경력을 보면 프리랜서로서 충분한 자격을 갖추었다고 인정할 수 있지만 배짱 좋게 얼굴도 모르는 거래처 편집장에게 메일을 보낸 그의 자신감이 빛을 발했다고 한다.

잡지사 편집장은 그에게 일을 맡겼고 기존 객원 기자들이 해내지 못한 일을 무사히 해내는 능력을 발휘했다. 덕분에 그 잡지사와 인연을 맺게 됐고 지금까지 변함없이 관계를 유지해오고 있다. 다른 곳 역시 그의 혼자 힘으로 그 회사와 접촉했고 일거리를 따낼 수 있었다.

쌓은 실력이 있었기에 가능한 일이기도 했다. 프리랜서는 자신이 실력만 있다면 얼마든지 스스로 회사를 선택할 수 있다고 그는 말한다. 돈이 문제가 아니라 사람과의 관계 역시 중요하기 때문에 스스로에게 맞는 회사를 선택할 수 있고 꾸준히 이어나갈 수 있다는 것이다.

원고를 쓰는 작업이라는 점은 같지만 각 잡지사마다 주로 다루는 기사형태나 글의 색깔은 조금씩 다르다. 게다가 참여 방법도 달라서 취재해서 글만 쓰는 경우도 있고, 처음 기획부터 취재, 운영까지 총괄업무를 맡아하는 곳도 있다. 이 때문에 경력이 일천한 프리랜서라면 제각각인 잡지사들의 까다로운 입맛을 맞추어줄 수가 없다. 그러나 출판사 편집장까지 지낸 경력이 있는 그에게는 그다지 어려운 일이 아니었다. 현재 거래하는 5개 잡지사와 출판기획으로 얻는 월 평균 수입은 350~400만 원 정도로 연봉으로 치면 5천만 원 선이다.

많은 프리랜서들이 그렇듯 신현주씨 역시 시간 조절이 가능하기에 프리랜서가 좋다고 말한다. 심야작업을 즐기는 그에게는 늦잠을 잘 수 있는 것도 장점이라고.

그러나 세상에 공짜는 없는 법. 프리랜서라는 직업은 과정은 무시되고 무조건 결과만 따지기 때문에 직장생활보다 오히려 힘들다고 한다. 직장에서는 야근을 하면 야근 수당도 있고, 어쨌든 한 달이 지나면 월급이 나오지만 프리랜서는 그렇지 않다. 오직 마감에 맞춰 결과물을 내놓아야만 하고 혼자서 모든 작업을 해내야 하기 때문에 직장생활보다는 열 배는 힘든 직업이라고 토로한다.

또한 자유기고가로 일하기 위해서는 '예스맨'이 되어야 한다고 이야기한다. 일이 시작된 후에는 조정도 가능하겠지만, 그 전에는 뭐든지 할 수 있는 모습을 보여줘야 하는 것이다.

자유기고가가 되고자 하는 사람들에게 그는 말한다.

"기본기부터 충실히 쌓으라"고.

또 월간지나 사보 글쓰기의 문법에 맞는 글쓰기를 꾸준한 습작을 통해 자신의 것으로 만드는 능력이 필요함을 강조하는 그는 마케팅 능력 또한 프리랜서에게는 절대적으로 필요한 요소라고 전한다.

실력만 있다면 프리랜서가 결코 힘든 직업은 아니라는 신현주씨. 그가 후배들에게 입버릇처럼 하는 말은 "자신감을 갖고 일하라"는 것이다.

프리랜서 취재기자
신현주에게서 배우는 성공키워드

하나, 실력이 절대적이다

자유기고가로 성공하기 위해 신현주씨가 꼽는 것은 첫째도 둘째도 실력이다. 실력없이 인맥을 통해 어찌 어찌 일을 한다해도 한 번의 기회는 얻을 수 있겠지만 꾸준히 일하기는 힘들기 때문이다. 그역시 기자로 출판사에서의 경력으로 꾸준히 실력을 길렀기에 지금의 활동이 가능하다.

둘, 자신감이 강해야 한다

자신감이 있어야 한다는 것이다. 그가 꾸준히 한 잡지사에서 오래 일할 수 있는 것은 그의 실력이 있기 때문이지만, 그가 그 잡지사를 만날 수 있었던 것은 그의 자신감 때문이었다. 뭐든지 할 수 있다는 자신감은 그의 실력만큼이나 커다란 재산이다.

셋, 돈에 목숨 걸지 말아라

그는 일을 하는 데 있어 돈만 보고 일하지는 말라고 말한다. 무엇보다도 함께 일하는 사람이 자신과 맞아야 한다. 자신을 인정해 주는 파트너를 만나 일하면서 자신이 하는 일에 신념과 긍지를 갖는 것이 현재의 그를 만들어낸 것이다.

자유기고 · 번역프리랜서 이화정

"프리로 일하며 대학원 다녀요"

동덕여대 일문학과 졸업
잡투데이 인턴기자
계간 '시사교육', 월간 '기업나라' 객원기자 및 일어 영어 번역작가로 활동중

"글을 쓰게 된 계기요? 우연적인, 하지만 필연적인 일이었던 것 같아요. 지금 생각해 보면."

자유기고가이자 번역가로 활약중인 이화정씨는 대학시절 때부터 프리랜서의 세계에 눈을 떴다. 일본 워킹홀리데이를 마치고 돌아와, 4학년으로 복학하면서 '무언가 재미있고 의미 있는 일을 해보고 싶다'라는 생각이 불현듯 들었다고 한다. 대학에서의 마지막 일 년을 남들과 다르게 보내고 싶다는 욕구가 계속 엄습해왔다는 그녀에게 드디어 기다리던 것이 나타났다.

'대학생 인턴 기자를 구합니다.'

취업관련 인터넷 웹진의 채용소식을 접하자마자 그녀는 이력서를 보냈다. 그리고 1년 동안, 기자로써 활동할 기회를 얻었다. 당시 이곳에서 만난 편집장을 통해 그녀는 기사의 기본을 철저히 다져나갔다. 10년 이상의 경력을 가진 베테랑에게 일 대 일 수업을 받아가며 배운 것이, 당시는 전혀 깨닫지 못했지만 문장력을 구축하는 탄탄한 훈련이 되었다. 그뿐만 아니라, 관련업계 사람들도 소개받아 인맥을 쌓는데 상당한 도움이 되었다.

"어떤 일이건 마찬가지이지만, 프리랜서 활동 초창기에는 인맥이 중요합니다. 그런데 저 같은 경우에는 처음부터 큰 서포터를 만나 수월하게 일이 풀렸죠. 제가 생각해도 운이 좋은 케이스라고 할 수 있습니다."

대학 졸업 후, 이화정씨는 다시 새로운 일이 해보고 싶어 이번에는 일본계 음반회사에 취업했다. 반도체 관련 회사 등에 더 좋은 조건으로 들어갈 수도 있었지만, 그녀가 이 회사를 선택한 데는 나름대로 이유가 있다. 아직 한국에 완전히 자리잡은 기업이 아니기 때문에, 나중에 현지화가 성공한다면, 창업공신으로 인정받을 수 있다는 것. 두 번째로, 규모가 작았기 때문에 다양한 일을 섭렵할 수 있다는 것. 마지막으로 직원들 대부분이 일본인이기 때문에 일본어는 물론 일본인들의 감정까지도 잘 배울 수 있는 학습의 장으로 적격이라는 것이다. 특히 이 마지막 예상은 그대로 적중하여 이 시기에 그녀의 일본어·일본에 대한 감각이 놀랄 만큼 향상되었다. 그리고 이것은 다시 또 다른 일로 연결되었다.

인턴기자시절의 편집장이 소개시켜준 사람들 중에는 일본관련 잡지의 팀장도 있었다. 어느 날, 팀장의 전화가 걸려왔다.

"화정아(이 당시에는 충분히 친해진 시기), 너 일본여행기사 써보지 않을래?"

이 일을 계기로 일본관련 기사거리가 그녀 앞에 점차 쌓여졌다. 모 주간지에는 일본 연예기사를 쓰기도 하고, 일본 신상품기사를 다루기도 했다. 그리고 이렇게 조금씩 다져진 실력 덕분에 나중에는 단행본 번역 의뢰까지 들어왔다. 이때 그녀가 번역한 책이 바로 『내 마음의 눈 쿠이루』. 이 책은 일본에서도 상당한 반향을 불러일으켰고, 2004년에는 영화로 만들어져 일반극장에 개봉 예정인 인기작이었다. 물론 한국에서의 반응도 좋아, 모 TV프로그램에서 일반 독자들의 추천작으로 나오기도 했다.

일반적으로 번역일을 하다보면, 자신의 이름을 내걸고 책을 출판하기가 여간 어려운 게 아니라는 것을 깨닫게 된다. 그녀도 대학시절부터 아르바이트로 번역을 했지만, 프로를 지향한 것도 아니고 프로가 되기 위한 험난한 과정도 잘 알기에 선뜻 번역가의 길을 걷고자 하지 못했다. 하지만 탄탄한 인맥의 도움으로 그녀는 예상

보다 쉽게 자신의 이름으로 책을 출판하게 되었고, 지금은 서점에서 그녀의 책을 3권이나 발견할 수 있다.

"한번은 20년 동안 일본어 번역만 하신 분을 만난 적이 있었어요. 그런데 그분이 저를 보고 깜짝 놀라시더군요. 자기 이름으로 출판된 책이 있다고 하기에, 30대 중반인 줄만 알았다면서요. 보통 번역가로 인정받으려면 10년 정도는 밑바닥에서 헤매야 하거든요. 그런데 전 그런 과정을 생략하고 20대 중반에 데뷔했으니, 놀랄만 하죠."

괜찮은 회사를 다니면서, 번역가와 기자로 활동하다. 쓰리잡(three job)에 의한 피로도 있었지만, 자신의 캐리어를 쌓아간다는 점에서는 기분 좋은 시간들이었다고 한다.

그녀는 이쯤에서 안주하지 않았다. 다시 모험을 감행하고 싶어진 그녀는 어느날 갑자기 아일랜드로 어학연수를 떠난다. 원래 어학을 좋아하기도 했지만 영어의 필요성을 절실히 느껴 공부를 해야겠다는 결심과 함께, 색다른 곳에 가서 다양한 사람들을 접해보고 싶다는 욕구가 그녀를 가만히 두지 않았다. 아일랜드에서의 생활은 신선함, 그 자체였다고 한다. 이탈리아사람과 스페인사람들만 참가하는 파티에도 동양인으로는 유일하게 초대받아 가기도 하고, 브라질 사람과 의형제를 맺기도 했다. 그리고 아일랜드 전국여행을 하며 그들의 역사와 문화를 접했다. 외국에서의 생활이 물론 편하지만은 않았다. 하지만 그 와중에도 일본과 관련된 기사는 물론이고, 아일랜드 현장을 취재하는 기사들도 작성하여 한국에 보내는 등 커리어 관리에는 항상 신경을 썼다.

귀국 후, 그녀는 드디어 본격적인 프리랜서 기자생활을 시작했다. 예전 편집장의 밑에서 다시 제대로 교육을 받으며 실전에서 응용할 수 있는 기회를 만들어갔다. 이때부터 여러 잡지에 글을 실었고, 그 양은 실로 엄청났다. 1년 간의 하드트레이닝 끝에 지난 2003년 4월 독립을 선언했다. 독립 후에도 계속 자신의 영역을 개발하여, 이제는 영어 번역에까지 손을 대고 있다. 최근에는 알퐁스 도데의 소설집을 번역하기도 했다.

아직도 자신이 쓴 글에 만족하지 못한다는 이화정씨. 글을 쓰고 번역하는 작업이 만만치 않은 작업이지만 이제는 조금씩 그 안에 숨겨져 있는 즐거움을 발견해가고 있다고 한다. 그리고 이것이 자신에게 딱 맞는 일이라는 생각에 더욱 열심히 하고 싶다는 말도 빼놓지 않는다.

이제 프리랜서로서 본격적인 실력 발휘가 시작된 그녀는 프리랜서 예찬론자.

"프리랜서라는 직업이 사실 불안한 면도 적지 않아요. 수입면에서도 그렇고, 시간조절에 있어서도 그렇고. 갑자기 일이 몰릴 때는 너무 많아서 숨이 찰 정도인데, 또 일이 없을 때는 불안할 지경이랍니다. 하지만 반대로 생각해 보면, 장점도 참 많아요. 스케줄을 어느 정도 조정할 수 있으니까 자기 계발을 위해 쓸 수 있는 시간이 많은 편이죠. 저 같은 경우에는, 일을 하면서도 영어공부를 계속 하려고 방송통신대학 영문과를 다니기도 했어요. 그리고 지금은 대학원에 진학해서 다시 공부와 일을 병행하고 있구요."

자신의 경험에 비추어 볼 때 프리랜서야말로 끊임없는 변화를 요구하는 현대사회에 가장 잘 맞아 떨어지는 직업이라고 말한다.

자유기고 · 번역 프리랜서
이화정에게서 배우는 성공키워드

하나. 변화를 두려워하지 말아라.

항상 그대로이고 싶다고? 언제나 그 자리에 머물고 싶다고? 그렇다면 당신은 이미 도태되고 있다. 자기 계발과 공부를 꾸준히 하면서 할 수 있는 분야, 하고 싶은 분야에 늘 도전해라. 실패가 두렵다고 안주한다면, 당신에게는 더 이상, 만족할 만한 인생과 인정받는 캐리어를 기대할 수 없다. 지금 당장의 금전적인 이점보다는 미래를 대비할 줄 아는 안목과 도전정신을 그녀에게서 배울 수 있다.

둘. 인맥은 최고의 재산이다

돈이 없어도 성공하는 방법이 있다. 바로 인맥을 100% 활용하는 것. 이화정도 처음 만난 업계지인으로부터, 마치 가지를 치듯, 많은 사람들을 소개받았다. 하지만 인맥은 단순히 소개받는 걸로 끝나는 것이 아니다. 그것을 어떻게 관리하느냐에 따라 그 사람이 완전히 내 사람이 될 수도 있고, 전혀 모르는 남남이 될 수도 있다. 완전한 내 사람이 되면, 언젠가는 그 사람이 좋은 정보 · 기회를 제공한다.

셋. 항상 공부하라.

보통 사람들은 한 가지 외국어만이라도 마스터하고 싶다고 한다. 그런데 이화정은 영어와 일본어를, 그것도 번역까지 자유자재일 정도로 마스터했다. 그리고 이런 자신의 장점을 십분 발휘하여 번역서까지 냈다. 그 비결로 그녀는 항상 공부하는 자세를 꼽는다. 항상 자신의 실력을 연마한다는 마음가짐으로 공부하지 않았다면, 결코 지금의 단계까지 올라오지 못했을 것이다.

292

가구디자이너 이호준

도전을 통해 스스로 설 자리를 찾아라

62년 경북 김천 출생
영남대 목공예과 졸업
'까사미아' 디자인실
'올리브데코'
'미카엘리' 대표

국내 가구업계에서 잘 알려진 디자이너 중 한 사람으로 '미카엘리'의 대표이자 프리랜서로 왕성한 활동을 하고 있는 이호준씨는 베테랑이라는 말이 잘 어울리는 사람이다.

한때 가구의 컬러 개념을 바꿔놓은 디자이너로 통할 만큼 가구 디자인에 센세이션을 불러일으키기도 했던 그는 올해로 경력 14년을 맞이한 가구디자이너. 하지만 그를 잘 아는 사람들은 능력 못지 않게 그의 강한 도전정신에 찬사를 보낸다.

20년 전 20대 초반시절 이씨는 주문가구업체의 평범한 직원이었다. 집안 형편상 고등학교 졸업 후 곧장 직장 생활로 사회에 뛰어들었다. 평소 미술에 대한 남다른 감각과 자질이 있었던 그는 주문가구 전문업체에 입사한 것이 가구와의 인연을 맺게 된 시발점이었다. 가구가 자신의 적성과 매우 잘 맞는다는 것을 느꼈다. 하지만 디자인에 관심이 많았던 그로서는 일반 업무에 만족을 느끼지 못했다. 결국 그가 선택한 것은 대학 진학이었고 스물세 살의 나이로 영남대 목공예학과에 입학하면서 자신의 길을 새롭게 개척한 것.

이호준씨는 욕심이 많은 사람이었다. 이 같은 기질은 그가 가구 디자이너로 승승장구할 수 있게 한 원동력이 되었다. 철이 들어 뒤늦게 시작한 대학생활이었지만 그는 남보다 두 배로 부지런하게 활동했다. 섬유 목공 금속 등 분야를 막론하고 디자인 공모전이라는 공모전은 빼놓지 않고 작품을 출품하여 상을 여러번 받았다.

이씨는 대학시절 다양한 소재를 통한 실험이 있었기 때문에 취업 후 다양한 소재를 가구 인테리어에 접목시키는데 수월했으며 남다른 창의적인 제품들을 선보일 수 있었다고 한다.

졸업 후 액세서리제조업체에 입사하여 3년 정도 생활했던 그는 유명가구업체인 '까사미아'에 입사하게 된다. 이씨는 이때부터 본격적인 가구디자인 세계에 빠져들었다. 기존의 디자인이나 컬러를 탈피하면서 1990년대 들어 젊은 여성층의 호응을 받기 시작한 회사 브랜드에 걸맞게 그의 아이디어나 감각도 남달랐다. 회색과 아이보리컬러를 가구에 접목시켰고 실용성을 뛰어 넘어서 인테리어 개념의 가구디자인을 선보였다.

6년 간 이 회사에서 디자인 실력을 다진 후 그는 지난 1996년 여름 두 번째 도전에 들어갔다. 가구시장의 확대에 따라 신생 중소기업들이 많다는 것을 알고 이들 업체들을 대상으로 한 가구디자인 대행 프리랜서 디자이너를 선언하고 나선 것이다.

가구의 경우 봄 가을 두 차례에 걸쳐 신상품이 나오는 편이므로 인력, 자금력이 취약한 중소기업으로서는 이호준씨와 같은 신제품 디자인 프로젝트를 대신해줄 수 있는 전문가를 필요로 했던 것이다.

매년 보통 3~4개의 가구업체들과 프로젝트별 계약을 맺고 디자인 작업을 진행해온 그는 주문물량이 늘면서 지난 2000년부터는 2명의 서브디자이너를 직원으로 채용하면서 '미카엘리'로 회사이름까지 짓는 등 가구업계에서의 자리매김에 들어갔다.

지금까지 그가 선보인 디자인 중 히트를 친 제품은 한두 가지가 아니다. 또 중소기업들의 신규브랜드 런칭시 브랜드네임에서 제품 디자인 카탈로그 제작에 이르기까지 전반적인 과정을 총괄담당하면서 능력을 과시했다.

그런가하면 지난 2002년도에는 분당 사무실 근처에 엔티크숍 문을 열고 맞춤형 홈인테리어를 표방하고 나섰다. 새로운 세계를 개척하는 세 번째 도전이었던 셈이다. 이를 테면 각 가정에 맞는 가구 디자인 및 제작, 즉 맞춤가구와 인테리어소품 구성 디스플레이에 이르기까지 토탈 홈인테리어를 선언한 것이다. 가구업계는 최근 시장 침체와 중국으로의 생산시설 이전 등으로 불황을 겪고 있는 중이다. 이 같은 상황에서 그는 틈새시장 공략을 선언한 셈이다.

14년차 가구디자이너 이씨의 파워는 끊임없는 도전과 그간 다져놓은 다양한 노하우다.

자신을 업그레이드시킬 수 있는 새로운 도전에 적극적이었던 그는 이태리, 일본, 미국 등의 가구박람회 현장을 직접 찾아가 선진국들의 트렌드를 남보다 먼저 읽어내고자 노력했고 가구디자인과 홈인테리어를 하나로 묶기 위한 다양한 아이디어 발굴 등에 노력을 기울이면서 실력을 다져왔다.

단순히 프리랜서 차원을 뛰어넘어서 이제는 전문가로 통하는 이호준씨. 프리랜서에 대한 그의 생각은 한 마디로 매섭고도 간단하다.

"처음부터 돈에 연연하면 아무것도 배울 수가 없다. 능력과 자기관리만 잘되면 돈은 저절로 따라오는 것이다."

프리랜서 가구디자이너
이호준에게서 배우는 성공키워드

하나. 컬러와 다양한 소재를 알아야 한다
가구는 실생활에 적용되는 제품인 만큼 소재가 단지 나무라고만 생각해서는 안 된다. 다양한 컬러를 접하고 다양한 소재의 특성을 알아야만 새로운 아이디어를 내놓을 수가 있다. 디자인 실력만 있다고 해서 가구디자이너가 된다고 생각하면 큰 오산이다.

둘, 도전해라

프리랜서는 어느 단계에서 만족을 해서는 안 된다. 안주하다가는 다음 발전을 기대할 수 없다. 단계별로 계획을 세워 새로운 도전을 거듭해야 한다. 이를테면 5년 후, 10년 후, 20년 후 자신이 서야할 자리를 스스로 만들어야 한다.

셋, 돈 욕심 내지 마라

돈은 때가 되면 벌린다. 초년병일수록 일에만 미쳐야 한다. 자신의 일에 대한 노하우가 쌓이면 수입은 자연적으로 늘어나기 마련이다. 다양한 경험을 통해 자신만의 노하우를 쌓는 것이 중요하다.

본 자료는 이 책의 저자 박창수의 1998년 동국대학교 언론정보 대학원 신문방송학과 출판잡지 전공 석사학위 논문 '우리 나라 잡지 프리랜서의 실태에 대한 조사연구—취재부문을 중심으로—' 내용 중 프리랜서의 개념 이해를 위해 일부 내용을 발췌한 것이다.

1. 프리랜서의 개념

1) 프리랜서(freelancer)의 개념

과거의 경우 프리랜서란 '기업이나 조직에 속하지 않고 자신의 능력과 노력을 통해 부정기적인 수입을 얻는 자유계약자'를 지칭 하는 말이었다. 그리고 산업별 프리랜서 종사자로는 출판 잡지업 계의 자유기고가, 패션업계의 디자이너, 예능 분야의 연주자, 배우 등의 직업에만 편중돼 있었다.

최근 들어서는 전 산업의 전문직에 걸쳐 프리랜서 인구가 늘어 나는 추세이며 정기적인 수입자가 부정기적인 수입자보다 더 많은 편이다. 특히 방송, 출판, 잡지, 디자인 광고 컴퓨터관련 직종의 종 사자들 중 다수가 프리랜서로 활동하고 있으며 이들은 대대수가 건당 또는 매월, 매주 단위로 거래하는 기업으로부터 의뢰받은 일을 처리해 주고 건당 또는 월별 정기적인 소득을 얻고 있다. 또 일부 경력이 많거나 일의 규모가 방대한 업무를 진행하므로써 비상근자이지만 연봉계약직으로 활동하는 등 다양한 형태로 활발하게 일하고 있다.

따라서 프리랜서란 단순히 자유계약에 의해 부정기적인 수입을 얻는 사람이라는 과거의 제한적인 해석보다는 이를테면 '자유계약에 의해 일하되 능력에 있어서는 프로이며 수입면에 있어서도 자신의 생계를 유지하는 전문직업인'이라는 입장에서 정의 내려야 할 것이다.

2) 프리랜서의 필요성

사회가 급속도로 발전하고 변화하면서 현대인들의 직업관도 변화하고 있다. 90년대 들어 직장인들의 휴가나 휴일이 확대되었는가 하면 출퇴근 시간의 자율화 일명 '플렉서블 타임(flexible time)제도'를 도입하는 기업이 늘어났다. 또 직장인들의 직장에 대한 의식은 자기발전을 고려하는 장기적인 측면보다는 경제력과 여유시간 활용을 고려한 현실적인 측면을 더 많이 고려하는 추세로 변하고 있다.

임금 또한 직업이나 기업에 따라서는 천편일률적이던 월급제에서 탈피하여 연봉제, 시간제 등 다양한 형태로 나뉘고 있으며 고용도 정년고용, 1년 계약직, 파트 타이머(시간제 인력), 비상근 프리랜서 등의 여러 가지 형태로 변하고 있다.

프리랜서는 이 같은 사회변화에 편승해 생겨난 신종 직업이며

사회가 현대화될수록 프리랜서의 필요성과 중요성은 더욱 커지고
있다.

기업의 경우 상근 직원을 고용하는 것보다 프리랜서를 활용할
경우 인력관리에 따른 부담절감과 인건비 지출에서의 이점을 갖게
된다. 프리랜서는 비상근자로서 일정기간 계약 또는 약속하에 의
해 활동을 하게 되므로 기업으로서는 퇴직금, 국민연금, 기타 활동
비 등에 대한 경제적 부담을 갖지 않아도 되며 기업구조 조정에 따
른 인원감축 등의 문제와 노사문제를 겪지 않아도 되기 때문이다.
따라서 프리랜서의 증가는 곧 국가, 기업, 개인 모두에게 다양한 장
점을 발생시킨다고 볼 수 있다.

2. 우리 나라 잡지프리랜서의 생성배경

1) 잡지프리랜서의 생성 배경

우리 나라 잡지계에 프리랜서가 본격적으로 등장한 것은 1980
년대 초반부터다. 1980년대 들어 여성잡지수가 급격히 증가하면
서 잡지사들의 시장점유 경쟁이 불붙었고 이에 따라 잡지의 지면
수가 늘어남으로써 잡지사들은 원고작성에 따른 여유인력이 필요
하게 됐다.

당시 잡지계를 주도하던 여성잡지사들의 경우 편집부 내에 취재
기자 5명 정도가 상근하고 있었는데 더 많은 인력의 필요성을 느끼
긴 하지만 경제적 여건상 정식직원 고용에 대한 부담을 갖지 않을

수가 없었다. 때문에 등장한 것이 기존에 잡지사에 근무했던 여기자들 중 결혼 후 재취업을 희망했던 이들을 취재분야에 비상근 인력으로 투입시키게 된 것이다.

이러한 프리랜서 활용은 〈주부생활〉, 〈여원〉 등의 여성잡지가 주도했으며 여성잡지의 지속적인 시장확대는 프리랜서 수의 증가를 가져왔다. 또 일부 프리랜서들의 경우 잡지사에 취업을 하고 싶지만 입사가 어려워지자 취업을 위한 사전 연수형태로 보조인력의 역할을 하기도 했는데 이들 또한 프리랜서의 수가 늘어나는데 일조를 기했다.

프리랜서들의 본격적인 자리매김은 1990년대 초반으로 1990년대 후반 잡지 창간의 일대 붐과 함께 잡지업계는 크게 확대되기 시작했다. 이때 취재기자 편집기자를 양성하는 사설교육기관들이 증가하고 이를 통해 신규인력들이 대거 잡지업계에 투입됐다. 그러나 개인회사 형태의 영세한 잡지사들이 업계의 70% 정도를 차지해 다수의 신생잡지사들이 경영난으로 문을 닫고 또 다른 잡지사가 생겨나는 잡지업계 빈곤의 악순환이 되풀이됐다.

이 같은 과정 속에서 일자리에 대해 불안정한 입장이 된 취재기자들 중에는 다수의 잡지사와 손을 잡고 월별 고정적으로 원고를 공급하는 형태를 시작했다. 또한 여성잡지에서 경력을 쌓다가 결혼으로 인해 1~2년 활동을 중단했던 여기자들이 결혼 후 다시 일을 찾게 되면서 잡지프리랜서의 수는 더욱 증가했다. 이 두 가지는 1990년대 들어 잡지프리랜서 증가 및 잡지사의 프리랜서 활용이 보편화되는데 대표적인 요인으로 작용했다.

그러나 최근 몇 년 전부터는 잡지사들이 인건비 절감 차원에서 취재인력의 30~40%를 프리랜서 활용으로 대처하는가 하면 소수의 잡지사들은 편집장을 제외한 상근기자를 완전히 없애고 취재인력 전원을 프리랜서로 활용하는 쪽으로 바뀌기도 했다.

　최근 들어 잡지업계가 프리랜서 활용에 적극적인 입장을 보이는데는 인건비 절감과 취재프리랜서 업무의 특성에 있다고 볼 수 있다. 잡지사에 취재기자를 고용할 경우 월급여 외에도 상여금, 퇴직금, 기타 비용 등이 소요되는데 반해 프리랜서 활용시엔 원고작성량에 따른 비용만 지불하면 되기 때문에 경제적 장점을 갖게 된다. 또 취재기자의 경우 잡지사 입장에서 볼 때 상근기자나 프리랜서나 활용 범위와 역할에서의 차이가 크게 없다는 점이다.

2) 잡지프리랜서의 개념 및 특성

① 잡지프리랜서의 개념

　'잡지프리랜서는 잡지사에 상근하는 정직원이 아닌 비상근 잡지 제작 실무 협조자로서 계약 또는 구두상의 상호 약속에 의해 잡지사로부터 업무를 의뢰받아 이를 처리해 주는 자를 말한다.'

　잡지에서는 취재, 편집, 사진 이 3개 부문이 대표적인 프리랜서들의 업무영역이다. 한국 잡지사들의 경우 실무자들의 약 30% 이상이 프리랜서들로 구성돼 있어 프리랜서들이 잡지 존속에 미치는 영향은 매우 크다고 볼 수 있다. 이 때문에 이들을 효과적으로 활용할 수 있는 관리방안 및 제도는 잡지사경영의 중대사안으로 대두되고 있다.

　본 연구에서는 잡지프리랜서의 개념을 취재부문의 업무를 처리하는 자에 국한시킨다. 여기에서는 시, 소설, 수필 등의 문예물과 만화 외고를 담당하는 프리랜서는 제외시킨다.

　잡지사의 상근기자와 프리랜서의 업무비교
　상근기자 : 아이디어발굴 (편집회의) 취재 원고작성 원고교정
　프리랜서 : 아이디어발굴(편집회의는 참여하는 경우가 있고 참여하지 않는 경우가 있는데 잡지사에 따라 다르다) 취재 원고작성

② 잡지프리랜서의 특성

　잡지프리랜서는 일반 직종의 프리랜서와는 달리 '매스미디어의 하나인 잡지의 내용을 만들어내는 자' 라는 점에서 기사작성의 공정성 및 정확성이 요구되며 취재기자로서 활동을 하게 되므로 활동시 대외적인 이미지 관리, 즉 신뢰성과 업무에 대한 전문성이 철저하게 지켜져야 하는 직업적 특성을 갖고 있다. 또한 업무를 종료시켰다 할지라도 자신이 작성한 기사에 대해 독자문의 전화나 문제 발생시 그에 따른 책임을 지게 되는 것이 타 분야의 프리랜서와는 철저하게 구분된다. 한국도서잡지윤리위원회의 잡지윤리실천요강의 17항(잡지기자는 이기적이거나 무가치한 목적을 위하여 그 영향력을 행사하거나 결속되어서는 안 된다)과 18항(잡지기자는 취재 대상이 되는 개인 또는 기관 단체에 대해 필요한 예의를 지켜야 하며, 기사출처의 비밀을 지켜야 함은 물론, 취재내용의 제공자는 보호하여야 한다)에서는 이 같은 잡지 취재기자의 책임과 자세에 대해서 밝히고 있다.

③ 자유계약직에 대한 국내 법 규정

• '일시적 문예창작자'로 직업 분류

소득세령 제42조 제2항에서 잡지에 원고를 기고하여 원고료를 받는 프리랜서 취재기자는 일시적 문예창작 소득자로 분류하고 있다.

• 원천징수세인 소득세에 관한 규정

일시적 문예창작 소득자의 소득 중 75%에 상당하는 금액은 필요경비로서 인정됨에 따라 소득의 25%만이 원천징수 소득세의 적용을 받게 되는데 세율은 20%로 정해져 있다.